本書の特色と使い方

この本は，国語の読解《どっかい》問題を集中的《てき》に学習できる画期的な問題集です。苦手な人も，さらに力をのばしたい人も，1日1単元《たんげん》ずつ学習すれば30日間でマスターできます。

① 「パターン別《べつ》」と「ジャンル別」トレーニングで読解力を強化《きょうか》する

「指示語《しじご》」や「接続語《せつぞくご》」などを問うパターン別問題に取り組んだあとは，物語，説明文《せつめいぶん》などのジャンル別問題にチャレンジします。さまざまな問題に慣《な》れることで，確《たし》かな読解力が身につきます。

② 反復《はんぷく》トレーニングで確実《かくじつ》に力をつける

数単元ごとに習熟度確認《しゅうじゅくどかくにん》のための「**まとめテスト**」を設《もう》けています。解《と》けない問題があれば，前の単元にもどって復習しましょう。

③ 自分のレベルに合った学習が可能《かのう》な進級式

学年とは別の級別構成《こうせい》（12級〜1級）になっています。「**進級テスト**」で実力を判定《はんてい》し，選《えら》んだ級が難《むずか》しいと感じた人は前の級にもどり，力のある人はどんどん上の級にチャレンジしましょう。

④ 巻末《かんまつ》の「答え」で解き方をくわしく解説《かいせつ》

問題を解き終わったら，巻末の「**答え**」で答え合わせをしましょう。「**考え方**」で，特《とく》に重要《じゅうよう》なことがらは「**チェックポイント**」にまとめてあるので，十分に理解しながら学習を進めることができます。

読解力 7級

月　日

答えは65ページ

1 次の文章を読んで、あとの問いに答えなさい。

[1]「かいじょうはあちらです。まもなくかいじょうです。」
かなを知っていれば、わたしたちはどんな言葉でも書くことができます。けれども、右の文のように、かなだけで書かれていると、どういう意味かすぐにはわからないことがあります。

これを、

「[①]はあちらです。まもなく[②]です。」

というように、漢字を使って書くと、意味がはっきりしてきます。

[2] 次の文では、漢字をまちがえて使っています。
「妹とバスを持っていたが、バスは来なかった。」

「持って」は「待って」のまちがいです。

このニつの漢字は、にていますが、字の左の部分がちがいます。「持つ」は、手でする動作なので、漢字の左の部分は、「手」を表す「扌（てへん）」で

(1) [①]・[②]に入る漢字を、意味を考えて答えなさい。

①（　　　）　②（　　　）

(2) [③]～[⑨]にふさわしい意味を次からそれぞれ選《えら》び、記号で答えなさい。

ア 身につける　イ 刀などでたちきる
ウ 人とであう　エ 道で立ち止まる
オ 反対になる　カ 物事が同じにそろう
キ もといた所にもどる

③（　）　④（　）　⑤（　）　⑥（　）
⑦（　）　⑧（　）　⑨（　）

(3) この文章は大きく三つのまとまり（[1]～[3]）に分かれています。それについて、次の問いに答えなさい。

① それぞれのまとまりには、何が書かれていますか。次から選び、記号で答えなさい。

ア 同じかなで意味のちがう漢字

す。「待つ」は、「③」という意味なので、漢字の左の部分は、「道」を表す「彳（ぎょうにんべん）」なのです。

形がにているためにまちがえやすい漢字はいろいろあります。（中略《ちゅうりゃく》）

3 同じ読み方でも意味はちがう、という漢字があります。「合う」と「会う」もそうです。「合う」は「④」、「会う」は「⑤」意味です。だから、「答えが合う」を「答えが会う」と書いたり、「駅で会う」を「駅で合う」と書いたりしたらまちがいです。

次のそれぞれに文の――線をつけたかなを漢字で書くとき、下のどの漢字を使うといいでしょうか。

・ひっくりかえる。
・学校からかえる。　｝帰・返
・はさみで紙をきる。
・正月に着物をきる。　｝切・着

「返」は「⑥」という意味で、「帰」は「⑦」という意味です。「切」は、「⑧」という意味で、「着」は、「⑨」という意味です。どの漢字がどの文に合うか、考えましょう。

（「漢字の意味と使い方」）

イ　同じ読み方だが意味のちがう漢字
ウ　形がにていてまちがえやすい漢字
エ　意味がにていてあやまりやすい漢字

1（　　）　2（　　）
3（　　）

② 次は一つをのぞいて、文章からぬかれた文です。それぞれのまとまりの結《むす》びとしてふさわしいものを次から選び、記号で答えなさい。

ア　にている漢字でも、左の部分がちがえば読み方も必《かなら》ずちがうので注意しなければなりません。
イ　漢字は、一字一字に意味があるので、漢字を使って書くと、同じ音の言葉でも、はっきり区別《くべつ》できるのです。
ウ　漢字を使うときは、言葉の意味に合ったものを正しくえらんで書かなければなりません。
エ　形のにた漢字を見つけたら、どこがちがうのか、意味はどうかを考えることが大切です。

1（　　）　2（　　）
3（　　）

指《し》示《じ》語《ご》をおさえる (1)

⬇答えは65ページ

1 次の文章を読んで、あとの問いに答えなさい。

あたしは改札口《かいさつぐち》がいちばんよく見えるベンチに空《くう》席《せき》をさがした。右のはじっこがひとつ。あとは背広《せびろ》のおじさんがずらっとすわってる。(中略《ちゅうりゃく》)

あたしは、ちっちゃいころから駅が好《す》きだった。それもこの駅みたいにうんと大きな[①]。終わって、またはじまるしかない行き止まりの駅。駅の出てくる映画《えいが》は、ママにせがんでかたっぱしから見に行った。大好きなひとと別《わか》れる駅のシーンでは、もうハンカチがぐちょぐちょになるまで泣《な》いた。ママは「なんてませた子」って、本気であきれていたっけ。そういう映画を見るたびに、いつかあたしもどこかの駅でヒロインをえんじるのかもしれないと思いながら、いつの間にかそのシーンを②くり返し空想《くうそう》していた。いろんな駅で泣いている恋人《こいびと》はいないかさがしたりもした。現実《げんじつ》にはそんなシーン、見たことなかったんだけれど。

(1) [①]にあてはまる言葉を次から選《えら》び、記号で答えなさい。

ア 改札口　イ 終着駅

ウ ベンチ　エ 精算所《せいさんじょ》

（　　）

(2) ――②「くり返し空想していた」とありますが、どんなことを空想していたのですか。文中からぬき出して答えなさい。

（　　）

ヒント ――②直前の指示語《しじご》が指す内容を考えよう。

(3) ――③「そのお話」はどの場所にあるのですか。文中からぬき出して答えなさい。

（　　）

ヒント すぐあとの「ここ」が指すものを考えよう。

あっちこっちから人が集まってきて、またどこかへ行ってしまう。なんだか数えきれないお話が駅のホールにうずまいているようで、あたしは③そのお話が読みたくてここにいる。④それだけじゃない。ここには実際《じっさい》、遊べる所がいっぱいある。コンピューターの星うらないだってあるし、きれいなポスターは見ていてあきないし、お店もいっぱい。デパートだってある。いろんな色のガラスがうまっている大きなステンドグラス、静《しず》かな美術館《びじゅつかん》まで！　でもいちばんおもしろいのは、やっぱり、ひと。ときどき、あたしは死ぬまでここにいてもあきないだろうと思ったりする。毎日、学校の帰りにとちゅう下車して、たっぷり二時間は遊んで帰る。ここが、どこよりすてきな遊び場だとわかってもう半年。⑤それまでのあたしは、たいくつのかたまりだった。ひとりで遊ぶのにはなれてたけれど、おもしろいと感じることなんてめったになかった。⑥ここは、だれも知らない、あたしだけの遊び場。夏休みだって通ったんだから。ママも知らない、学校の友だちだって知らない。知られていないってことが、気持ちよかった。

（中澤晶子《なかざわしょうこ》「ジグソーステーション」）

(4) ――④「それだけじゃない」とありますが、どんなことを意味していますか。文中から四字でぬき出して、「ほかに～がいっぱいあること」の形に合うように答えなさい。

ほかに［　　　　］がいっぱいあること

(5) ――⑤「それまでのあたし」とありますが、「それまで」とはいつ「まで」ですか。次の（　）にあてはまる言葉を、文中からぬき出して答えなさい。

ここが、（　　　　　　）わかるまで。

(6) ――⑥「ここは、だれも知らない」の「ここ」が指している言葉を、一字でぬき出して答えなさい。

［　］

ヒント　主題（＝その文章が何について書いてあるか）に関《かん》する言葉を考えよう。

指示語《しじご》をおさえる (2)

➡答えは65ページ

月　　日

1 次の文章を読んで、あとの問いに答えなさい。

（子どものころの話だが）がき大将《だいしょう》がやってきて言う。「お前、大きいの見つけたな。だけどそいつはもうすぐ死んじゃうぞ。だからおれによこせ。かわりにお前にはこの小さいのをやる。これをちゃんと飼《か》っておきな。すぐ大きくなって角も生えてくるから」。まことしやかにそう言ってカブトムシを取りあげ、小さなコガネムシやカナブンをわたすのであった。

親になった昆虫《こんちゅう》がそれ以上《いじょう》成長することはない。このがき大将の話はまったくのうそだ。でもここでそんなことを言ったらいじめられるにきまっているから、ぼくは①この不当《ふとう》な取引をだまって見ているしかなかった。

（中略《ちゅうりゃく》）

カブトムシの親たちは、オスもメスもクヌギやコナラの樹液《じゅえき》を食物にしている。あまずっぱくてアル

(1) ―①「この不当な取引」とありますが、「取引」とは、具体的にどうすることですか。それが書かれているところをさがし、はじめと終わりの五字で答えなさい。

□□□□□～□□□□□

ヒント 「この」が指すものは前にあります。

(2) ―②「こういう」が指しているものを、ぬき出して答えなさい。

（　　　　）

ヒント 指示語《しじご》の指すものは、うしろ（多くは直後）を手がかりに前をさかのぼってさがすのが原則《げんそく》です。

(3) ―③「別の虫」とありますが、どの虫のことですか。文中からぬき出して答えなさい。

（　　　　）

コール分も多少含《ふく》んだ樹液には、カブトムシばかりでなく、クワガタムシやカナブンなど多くの＊甲虫《こうちゅう》たち、そしてオオムラサキその他のチョウたちも集まってくる。けれど、②こういう樹液はクヌギやコナラの木があれば必《かなら》ず出てくるものではない。

それらの木の幹《みき》にボクトウガやその他の虫の幼虫《ようちゅう》が食い入り、材部《ざいぶ》を食いあらすと、木がそれに対抗《たいこう》して樹液を出すのである。つまり、虫が集まってくる樹液が出るためには、③また別の虫の存在《そんざい》が必要《ひつよう》なのである。

④こうしてしみ出してくる樹液のありかを、カブトムシたちはその匂《にお》いで知る。かれらは夜、木々の間を羽音を立ててゆっくり飛《と》びまわり、⑤そのしかるべき場所をさがす。

うまくみつけてもそこにはしばしば先客がいる。オスたちはそれと闘《たたか》って追い払《はら》い、自分の食物を確《かく》保《ほ》するとともに、そこへやってくるメスを確保しようとする。カブトムシのオスのあの立派《りっぱ》な角はその闘いのために進化したのである。

（日高敏隆《ひだかとしたか》「猫《ねこ》の目草」）

＊甲虫＝かたい前羽を持った昆虫。

(4) ④「こうしてしみ出してくる」とありますが、「こうして」が指すものを、「クヌギやコナラの木に、」に続くように文中から四十五字以内《いない》でさがし、はじめと終わりの五字で答えなさい。

クヌギやコナラの木に、

～

ヒント 「こうして」「そうして」などの指示語は、「この」「その」などとはちがい、それまでの内容を大きくまとめていることに注意しよう。

(5) ⑤「そのしかるべき場所」とはどのような「場所」ですか。次から選《えら》び、記号で答えなさい。

ア ボクトウガやその他の虫の幼虫たちのすみか
イ クヌギやコナラの樹木がくさっているところ
ウ 多くの甲虫たちが集まってくる樹液のありか
エ カブトムシをはじめ甲虫たちの樹木のすまい

（　　）

接続語《せつぞくご》をおさえる (1)

↓答えは66ページ

月　日

1 次の文章を読んで、あとの問いに答えなさい。

いとこやいとこの友だちといっしょに、わたしは①カブトムシをとりにいった。いとこにしてみれば、わたしは〈東京から来た子〉であり、[②]、東京ではおがめないような宝物《たからもの》をわたしにプレゼントしなければ、わたしの両親、つまりいとこからすれば、東京のおじさんとおばさんにたいし、顔が立たないのだ。それで、近所のなかまを召集《しょうしゅう》して、③カブトムシ狩《が》りを決行することになる。

もちろん、夜、林の木に蜜《みつ》をぬっておき、その蜜を吸《す》いにきたカブトムシを明け方とりにいくという方法《ほうほう》もあるらしかった。だが、わたしのいとこはそういうのんびりした方法はいかにもいなかっぽく、年下の都会人のわたしのために④とる方法ではない、と思ったのかもしれない。[⑤]、いとこにしてみれば、いかに⑥自分が地域《ちいき》の子どもたちの中での実力者であるかをわたしに見せたかったのだろう。

(1) ——①「カブトムシをとりに」とありますが、——③「カブトムシ狩りを決行する」とは表現《ひょうげん》がちがっています。③からは、どんな気持ちが読み取れますか。次から選《えら》び、記号で答えなさい。

ア 何としても、おじさんとおばさんの顔を立てるという強い気持ち。
イ できれば、いとこにカブトムシをプレゼントしたいという考え。
ウ どんなことがあっても、いとこに地域の実力を見せたいという決心。
エ どんなことがあっても、カブトムシを持って帰ってもらうという決意。

（　　）

ヒント 表現を変《か》えるには理由があるはずです。

(2) [②]・[⑤]・[⑦]にあてはまる言葉を次からそれぞれ選び、記号で答えなさい。

そのようなわけで、夕食が終わってしばらくたったころ、ひとりふたりと集まってきた近所の少年たちと、それからわたしをしたがえ、いとこは虫かごと網《あみ》を持って、出発したのだ。

田んぼの中の小道をしばらく進むと、農道に出る。そこにいくまでにも、もちろん街灯《がいとう》はあった。⑦、それは電球式の街灯で、光が弱い。

「カブトをとるなら、新式の電灯じゃないとな。」

いとこはそういって、わたしを小川ぞいの農道につれていった。新式の電灯とは⑧、蛍光灯《けいこうとう》のことだ。

その新式の電灯は農道にそってぽつりぽつりと立って、青白い光をはなっていた。いとこは一本の街灯につき、ふたりの少年を配置《はいち》し、自分はわたしをつれて、あちらの街灯からこちらの街灯へと、現場監督《げんばかんとく》のように見回るのだ。

街灯のまわりには、大小の蛾《が》がそれこそうようよ飛《と》びまわっていた。もちろん、蛾には用はない。少年たちは街灯を見あげ、ひたすら待つ。

（斉藤《さいとう》 洋《ひろし》「七つの季節《きせつ》に」）

ア では　イ なぜなら　ウ しかし
エ また　オ したがって

②（　）⑤（　）⑦（　）

(3) ——④「わたしのためにとる方法」とありますが、それはどのような方法ですか。次の（　）にあてはまるように答えなさい。

蛍光灯に（　　　　　　　　）
という方法。

(4) ——⑥「自分が地域の子どもたち……の実力者である」とありますが、それを具体的《ぐたいてき》にしめした一文のはじめの五字をぬき出しなさい。

□□□□□

(5) ⑧にあてはまる言葉を次から選び、記号で答えなさい。

ア そして　イ または
ウ つまり　エ ところで

（　）

5日 接続語《せつぞくご》をおさえる (2)

↓答えは66ページ

月　日

1 次の文章を読んで、あとの問いに答えなさい。

みなさんは、ヒトが動物の一員であることを、もう、よく知っていますね。それでは、その「動物」とはいったいなんでしょう？

じつは、本気に考えると、①これはたいへんな難問《なんもん》ですが、そういうときは、事がらをごく単純《たんじゅん》に考えれば、わかりよくなります。

動物でない生きもの、それは「植物」です。植物は、地面に植わっている生物ですから、動きまわることができません。それに対して、動物とは「動く生物」だといえます。泳《およ》ぎ、這《は》い、歩き、走るということ、［②］、「移動《いどう》運動」ができるのが、動物の重要《じゅうよう》な特徴《とくちょう》なのです。

それは、おかしいな、と思う人がたずねます。

「イソギンチャクやヒトデは動物なのに、動けないでしょう？」

たしかに、イソギンチャクは岩にはりついて動か

(1) ――①「これ」が指すものを「という問題。」に続くように、文中の言葉を使って答えなさい。

（　　　　　　　　）という問題。

(2) ［②］～［④］・［⑥］にあてはまる言葉を次からそれぞれ選《えら》び、記号で答えなさい。

ア しかし　イ ところで　ウ さらに

エ そして　オ つまり

②（　　）　③（　　）

④（　　）　⑥（　　）

ヒント 接続語は、まず空らんの前後がどんな関係《かんけい》かをおさえます。

(3) 最初《さいしょ》の段落《だんらく》の問いかけに対して、結論《けつろん》にあたる言葉を四字でぬき出して答えなさい。

ないようにみえます。[③]、環境《かんきょう》が悪くなったりすると、岩にはりついている足盤《そくばん》をゆっくり動かし、少しずつ移動します。（中略《ちゅうりゃく》）

[④]、動物たちは、なぜ移動運動をするのでしょう。⑤おもな理由として、つぎの五つが基本的《きほんてき》なものとしてあげられます。

(1) 食物を得《え》るため
(2) 敵《てき》から逃《に》げるため
(3) 居心地《いごこち》の悪いところをさけるため
(4) 居心地のよいところにいくため
(5) 子孫《しそん》をのこすため、相手をもとめるため

たしかに、これらのものは、動物たちが生きていくために、ぜったい必要《ひつよう》なものですね。[⑥]、ネコの子どもは、⑦たがいにおいかけっこをし、ニホンザルは、⑧もの音がすると、さっそくそれがなんであるか、のぞきにいきます。それは、知能《ちのう》の高い動物になると、生活にゆとりができて、遊びをはじめ、[⑨]、好奇心《こうきしん》が生まれて、ものを知りたがるようになるからです。

（香原志勢《こうはらゆきなり》「二本足で立つってどういうこと？」）

ヒント まず、問いかけの内容《ないよう》をおさえよう。

(4) ―⑤「おもな理由として、つぎの五つが基本的なもの」とありますが、それ以外《いがい》の理由は何ですか。文中から十三字でぬき出しなさい。

[　　　　　　　　　　　　　] ため

(5) ―⑦「たがいにおいかけっこ」、⑧「もの音がすると……のぞきにいきます」とありますが、それらのことをそれぞれ別《べつ》の言葉で何といっていますか。文中から三字以内《いない》でぬき出しなさい。

⑦ [　　　]
⑧ [　　　]

(6) [⑨]にあてはまる言葉をひらがな二字で答えなさい。

[　　]

6日 まとめテスト (1)

月　日

時間 20分【はやい15分・おそい25分】
合格 80点
得点　　点

↓答えは67ページ

1 次の文章を読んで、あとの問いに答えなさい。

　自分のいなかの家では、十人くらいの家族全部、めいめいのおぜんを二列に向かい合《あわ》せにならべて、末《すえ》っ子の自分は、もちろん①一ばん下《しも》の座《ざ》でしたが、その②食事の部屋《へや》はうす暗く、昼ごはんの時など、十《じゅう》幾人《いくにん》の家族が、ただもくもくとしてめしを食っているありさまには、自分はいつもはだ寒い思いをしました。それにいなかの③昔かたぎの家でしたので、おかずも、たいていきまっていて、めずらしいもの、ごうかなもの、そんなものは望《のぞ》むべくもなかったので、いよいよ自分は食事の時刻《じこく》を恐怖《きょうふ》しました。自分はそのうす暗い部屋の末席《まっせき》に、寒さにがたがたふるえる思いで口にごはんを少量《しょうりょう》ずつ運び、おしこみ、人間は、どうして一日に三度三度ごはんを食べるのだろう、実にみな④厳粛《げんしゅく》な顔をして食べている、これも一種《いっしゅ》のぎしきのようなもので、家族が日に三度三度、時刻をきめてうす暗い一部屋に集まり、おぜん

(1) ――①「一ばん下の座」とありますが、この意味にあたる言葉を二字でぬき出して答えなさい。(15点)

□□

(2) ――②「食事の部屋」とありますが、それはどこにある部屋ですか。八字でぬき出して答えなさい。(15点)

□□□□□□□□にある部屋。

(3) ――③～⑤の言葉の意味を次からそれぞれ選《えら》び、記号で答えなさい。(5点×3―15点)

ア きびしく重々しい　イ はげしく動きまわる
ウ たえずもぞもぞと動く
エ 歴史《れきし》のある
オ 古風で義理《ぎり》がたい

③（　　）　④（　　）　⑤（　　）

(4) ――⑥「その迷信」とありますが、どんな「迷信」ですか。次から選び、記号で答えなさい。(15点)

を順序《じゅんじょ》正しくならべ、食べたくなくても無言《むごん》でごはんをかみながら、うつむき、家中に⑤うごめいている霊《れい》たちにいのるためのものかも知れない、とさえ考えたことがあるくらいでした。

めしを食べなければ死ぬ、という言葉は、自分の耳には、ただイヤなおどかしとしか聞こえませんでした。⑥その迷信《めいしん》は、(いまでも自分には、何だか迷信のように思われてならないのですが) しかし、いつも自分に不安と恐怖をあたえました。人間は、めしを食べなければ死ぬから、そのために働《はたら》いて、めしを食べなければならぬ、という言葉ほど自分にとって難解《なんかい》でかいじゅう*で、そうして脅迫《きょうはく》*めいたひびきを感じさせる言葉は、なかったのです。

⑦ 自分には、⑧人間のいとなみというものがいまだに何もわかっていない、ということになりそうです。

(太宰《だざい》　治《おさむ》「人間失格《にんげんしっかく》」)

＊かいじゅう＝意味がむずかしくわからないこと。
＊脅迫＝おどしつけてむりにさせようとすること。

ア めしはもくもくと食べなければいけないという迷信
イ 家中に霊たちがいるという迷信
ウ めしを食べなければ死ぬという迷信
エ 霊たちにいのらなければならないという迷信

(　　)

(5) ⑦ にあてはまる言葉を次から選び、記号で答えなさい。(10点×2—20点)

ア そのうえ　イ つまり
ウ しかし　エ また

(　　)

(6) ——⑧「人間のいとなみ……何もわかっていない」とありますが、どういうことですか。次の文の(　)にあてはまる言葉を、ぬき出して答えなさい。(10点×2—20点)

人間は(　　)そのために働くという言葉が信じられず、自分には(　　)ひびきに聞こえ、今になってもまったく理解《りかい》できない。

7日

場面をつかむ

1 次の文章を読んで、あとの問いに答えなさい。

①そうはいったけれど。ぼくは、ドアをしめて少しこうかいした。おじいちゃんはだまったままだし、あの家はうすぐらくてだだっ広いだけで、はっきりいって、気味もわるい。それに、おばさんもちょっと変《か》わってる――ぼくは、ドアのむこうでママがにやりと笑《わら》ったような気がして、不安になった。

②ほんとうにいくことになったら、どうしよう。

③「どうしよう」が、ほんとうになった。きょうから連休《れんきゅう》という、ぽかんと晴れた日だった。ぼくは、青いデイパックをせに、ママからおしつけられたカッコわるいおみやげ入りの紙ぶくろをぶらさげて、おじいちゃんの家の正面に立っている。手のひらがあせっぽいのは、［④］あがった気温のせいか、きんちょうのせいなのか。それもこれも、連休に⑤ぼくをやっかいばらいしようとたくらんだママがわるいんだ。

⬇答えは67ページ

月／日

(1) ――①「そうはいったけれど」とありますが、「ぼく」が「そう」いったことに対するママの返事にあてはまる言葉を、九字でぬき出して答えなさい。

［　　　　　　　　　］

(2) ――②「ほんとうにいくことになったら、どうしよう」とありますが、「ぼく」はなぜこのように思うのですか。理由がわかるところを文中からさがし、はじめと終わりの五字をぬき出して答えなさい。

［　　　　　］～［　　　　　］

ヒント ママは、ぼくの何を「みぬいている」のでしょう。

(3) ――③「『どうしよう』が、ほんとうになった」とありますが、どういうことが「ほんとうになった」のですか。文中の言葉を使って具体的《ぐたいてき》に答えなさい。

（　　　　　　　　　　）

「おばさまに、あなたがいくって電話したら、空気が変わってとてもようございますって。よかったわね、いってらっしゃいよ。おじいさまにもずいぶんごぶさただったから、いいチャンスね。もっとも、あのかたにあなたがわかるかどうか、疑問《ぎもん》だけど。」

なにが、いいチャンスだ。ぼくが自分でいいだしたことだから、今さらいやだなんていえないことを、ママはちゃんと知っていた。きっと、ぼくがねたあと、パパとふたりでごにょごにょ密談《みつだん》したにちがいない。あの子がいないうちに、どこか温泉《おんせん》にでもいってのんびりしよう、とかなんとか。

家の前のせまい道を、ひっきりなしに車がとおる。はいきガスのシャワーは、もうたくさんだ。いつまでも ⑥ しながら、つっ立っているのは、ほんとうにばかみたい。⑦ぼくは、せなかのデイパックをゆすりあげると、大きく息をすい、入り口の重いひき戸に手をかけた。

「こんにちは、拓也《たくや》です。きました!」

（中澤晶子《なかざわしょうこ》「エレファント・タイム」）

ヒント ここから場面が変わっていることに注意しよう。

(4) ④・⑥ にあてはまる言葉を、次からそれぞれ選《えら》び、記号で答えなさい。
ア ばりばり　イ ふわふわ
ウ うじうじ　エ ぐんぐん
④（　　）⑥（　　）

(5) ――⑤「ぼくを……とたくらんだ」とありますが、その「たくらみ」を文中からさがし、はじめと終わりの五字をぬき出して答えなさい。
□□□□□～□□□□□

(6) ――⑦「ぼくは……ひき戸に手をかけた」とありますが、このときの心情《しんじょう》に近い言葉を文中からさがし、五字でぬき出しなさい。
□□□□□

ヒント ここは――③の段落《だんらく》と同じ場面にもどっています。

あらすじをとらえる

➡答えは68ページ

月　日

1 次の文章を読んで、あとの問いに答えなさい。

「アリサと仲直《なかなお》りできた。」うれしそーな声でいった。「コタニのおかげだよー。」

①「……べ、べつに、なにも……。」

口の中でブツブツいっているあたし。

なんで、あたしがかわりにあやまんなきゃなんないの。カンケーないじゃん。

②さすがに、きのうは頭にきた。でも、そのうちだんだん気になって、つーか、ほっといたら、あとでシノちゃんにドつかれるんじゃないかって心配になって……、クラスの連絡網《れんらくもう》でアリサんちの電話番号をしらべて、電話したの。

あたしって、つくづく小心者。

だけど、たいしたことはしてないよ。

「シノちゃん、気にしてるみたい。」って、いっただけで。

アリサの反応《はんのう》も、「フーン。」だけでそっけなかっ

(1) ―①「……べ、べつに、なにも……。」とありますが、「なに」をしたのですか。次の（　）に、文中から言葉をぬき出して答えなさい。

電話番号をしらべて、アリサに

（　　　　　　　　）

という電話をしただけ。

(2) ―②「さすがに、きのうは……心配になって……」について、「あたし」は自分をどのようにみていますか。十字以内《いない》で言葉をぬき出して答えなさい。

(3) ―③「ただ、その……はおぼえてる」とありますが、ここから、アリサのどんな気持ちが読み取れますか。次から選《えら》び、記号で答えなさい。

ア　シノが自分のことを気にかけてくれているとわかり、うれしい気持ち。

イ　とつぜん「あたし」から電話がかかってきたので、ふしぎに思う気持ち。

たから、会話もなにも成立《せいりつ》しなくて、「じゃ、そーゆうことで。」なんて、なにがそーゆうことなんだかわかんないままに電話をきっちゃったんだもん。

③ただ、その「フーン。」の声が、やわらかかったのだけはおぼえてる。

きのうのシノちゃんはしんけんになやんでたけど、ホントは、ふたりには仲裁《ちゅうさい》なんていらないんだと思う。けっきょく、あのふたりって、ケンカしても時間がたてば自然《しぜん》に仲直りしてる、ってカンケーだから。

あたしはきゅうに、なんか、そーゆうのっていいな……、って思ってしまった。

「あしたの土曜、夕方、ヒマ？　ヒマだったら、三丁目の公園おいでよ。」

電話のむこうでは、④テンションあがりっぱなしのシノちゃんが、ひとりでしゃべりまくっている。

「町内会の盆《ぼん》おどり大会があるからさー、お礼におごってやるよー。」いいたいことだけいうと、返事もきかずに、シノちゃんは電話をきった。

（花形《はながた》みつる「ぎりぎりトライアングル」）

ウ　「あたし」からのはげましの電話に、少し安心する気持ち。

エ　シノが自分にあやまろうとしているのがわかり、得意になる気持ち。

（　　）

(4) ——④「テンション……のシノちゃん」とありますが、その理由を、十字で言葉をぬき出して答えなさい。

□□□□□□□□□□から。

(5) 次のことがらを、時間の流れの順《じゅん》にならべかえ、記号で答えなさい。

ア　テンションのやたら高い電話が、シノちゃんからあたしにあった。

イ　アリサと会話にはならなかったが、電話で少し話せた。

ウ　ケンカのことでこまっていたシノちゃんから仲裁の依頼《いらい》がある。

エ　シノちゃんの町内で盆おどり大会がある。

（　　）→（　　）→（　　）→（　　）

ヒント　きのう→きょう→あすの時間の流れにあてはめよう。

月　日

1 次の文章を読んで、あとの問いに答えなさい。

階段《かいだん》をおりるとちゅうで、早くも、はるひのにぎやかな声が耳にとびこんでくる。

「すごぉーい！　これ、おさかなの目でしょう？　キャアー、やだっ、こっちにらんでるぅ。こわいよー。でも、おいしそう」

キッチンでは、なべをのぞきこむはるひを、とーさんと、とーさんの仲間《なかま》たちがかこんでいた。

（中略《ちゅうりゃく》）

小さいころから、「子どもらしくない」といわれてきた。たしかに、遊園地へいってもはしゃがない、①お祭りの屋台のまえでもねだらない、両親《りょうしん》にしてみれば美月《みづき》は、あたえがいのない、あつかいにくい子どもだったろうと思う。

けれど、ほんとうは、美月だって、上空高くまわるロケットの乗りものに興奮《こうふん》していたし、メリーゴーランドの白い木馬にまたがれば、うっとりもし

(1) ——①「お祭りの屋台のまえでもねだらない」とありますが、実際《じっさい》の「美月」はどうだったのですか。それがわかるところを文中からさがし、はじめと終わりの五字を答えなさい。

□□□□□ 〜 □□□□□

⬇答えは68ページ

(2) ——②「なにかの……ためらわれた」とありますが、それと反対の意味の表現《ひょうげん》を文中からさがし次の□にあてはまるように八字でぬき出して答えなさい。

□□□□□□□□ が連動《れんどう》している。

(3) ——③「そんな美月」とありますが、どのような美月ですか。文中から八字でぬき出して答えなさい。

た。夜店のライトの下でつやつやひかるチョコバナナの行列は魅力的《みりょくてき》だったし、ヨーヨーつりでは自分も挑戦《ちょうせん》してみたくてうずうずしていた。

ただ、②なにかの思いで心がいっぱいになればなるほど、それを表にだすことはためらわれた。言葉や態度《たいど》にしたとたん、気持ちは美月からはなれて、べつのだれかのものになってしまう気がした。こわかった。

③そんな美月とちがって「子どもらしい、子ども」が、はるひだ。心と、口やからだが直接《ちょくせつ》つながっている。むじゃきで明るい。活発。はきはきしていて、活動的《てき》。

おとなをよろこばせることがとくいな、はるひ。わざとじゃない。しぜんにそうなっちゃう。わかってる。④わかってるけど――。

「おまたせ、はるひ。あたしの部屋《へや》、いこっ」

美月の声は、どことなくけわしかった。⑤キッチンをつつむなごやかな空気に小さなあながあいた。

（斉藤栄美《さいとうえみ》「教室―6年1組がこわれた日―」）

□□□□□□□□□美月

(4) ――④「わかってるけど――」とありますが、ここにはどのような心情《しんじょう》が読み取れますか。あてはまらないものを次からすべて選《えら》び、記号で答えなさい。

ア ふきげん　イ しみじみとした思い

ウ おだやか　エ うらみがましい思い

オ なっとくできない

（　　）

(5) ――⑤「キッチンをつつむなごやかな空気に小さなあながあいた」とありますが、どういうことですか。次の□にあてはまる言葉をあとから選び、記号で答えなさい。

けわしい声により、キッチンのなごやかなふんいきが□。

ア 少しこわれた　イ わずかに広がった

ウ すっかり一変した　エ だんだんきえた

（　　）

ヒント「けわしかった」声によって、「小さなあながあいた」のです。

心情《しんじょう》のうつり変《か》わりをつかむ

月　日

1 次の文章を読んで、あとの問いに答えなさい。

中学二年の秋、一〇月の最初《さいしょ》の木曜日。ぼくは、ぞくにいう『おつきあい』をもうしこまれた。

やたら暑い日だった。衣《ころも》がえしたばかりの黒い学生服は、ぞんぶんに残暑《ざんしょ》の熱《ねつ》をすいこみ、ぼくの背《せ》中《なか》もむねもへそから下も、じんわりあせでしめっていた。なのに、寒気がした。（中略《ちゅうりゃく》）

相手の顔を見あげ、つばをのみこみ、

「［①］？」

と、へたな関西弁《かんさいべん》でたずねてみた。「じょうだんだろ」より「［①］」のほうが、ほんとにじょうだんになるかのうせいが高い気がしたのだ。なのに、相手は、にこりともせず、首を横にふった。

「［②］」

しんけんな顔で言う。ぼくの背中にまた③おかんがはしる。同時に、あまりのなさけなさになみだがでそうになった。目をしばたたかせる。相手、同じ二

(1) ［①］・［②］・［④］に入る会話文を、次からそれぞれ選《えら》び、記号で答えなさい。

➡答えは69ページ

ア なんや
イ じょうだんやろ
ウ いや、おれほんきや
エ 瀬田《せた》、おれとつきおうてくれや
オ 泣《な》くことあらへん。あっ、うれし泣きか

①（　　）②（　　）④（　　）

ヒント 空らんの前後につながりのある言葉がないかをさがそう。

(2) ――③「おかんがはしる」とありますが、これと同じ意味の表現《ひょうげん》を文中からぬき出しなさい。

（　　　　　　　　）

年三組の秋本貴史《あきもとたかし》は、しゃがみこむようにして、ぼくの顔をのぞきこみ、どないしたんやとたずねた。

「［ ④ ］？」

⑤でかい体のわりにやさしげな声だったので、ぼくは少し落ちついた。それまでは、正直、秋本がこわかったのだ。ぼくより確実《かくじつ》に、一回りは大きい体や太い声がこわかった。

クラスメートといっても、ひと月前に転校《てんこう》してきたばかりのぼくは、秋本と口をきいたことなんか数えられるほどしかなかった。きょう、放課後《ほうかご》、ちゅうりんじょうによびだされた時も、⑥よびだされる理由がわからなかった。なぐられるのかなとは思った。

（中略）

「ぼっ、ぼくはほんと、未経験《みけいけん》で、やり方なんか知らなくて、お、男となんか絶対《ぜったい》、無理《むり》で」

「経験は、これからや。ふたりでコンビ組んで、やろう。だいじょうぶ、おれもおまえも才能《さいのう》あるって」

「コンビ？　どっちかっていうと、カップルっていうんじゃないの」

（あさのあつこ「The《ザ》 MANZAI《マンザイ》」）

(3) ――⑤「でかい体のわりにやさしげな声だった」とありますが、その声を聞いた前後でぼくの気持ちはどのように変《か》わっていますか。次の（　）に文中より言葉をぬき出して答えなさい。

ぼくより大きい体や太い声のせいで

（　　　　　　　　）が、

やさしい声に（　　　　　　　　）。

ヒント ⑤をふくむ一文を指しているのが、直後の「それまでは」です。

(4) ――⑥「よびだされる理由がわからなかった」とありますが、よびだす秋本の理由とぼくが今想像《そうぞう》している理由を、次からそれぞれ選び、記号で答えなさい。

ア 学校を案内《あんない》すること。
イ 友達《ともだち》としてつきあうこと。
ウ きょうの宿題をたのむこと。
エ カップルとしてつきあうこと。
オ ふたりでコンビを組むこと。

秋本（　　）　ぼく（　　）

ヒント 何について二人の会話がなされているのか、考えよう。

原因《げんいん》・理由をつかむ

⬇答えは69ページ

月　日

1 次の文章を読んで、あとの問いに答えなさい。

①*ボノボは野生の中で、家畜《かちく》のような動物に変《か》わってしまったのだ、とアメリカの霊長類《れいちょうるい》学者、ヘアーさんとラングハムさんは考えています。野生のオオカミが人に飼《か》われるとイヌになるときと同じ変化《へんか》を、自然に起こしたというのです。

家畜について、ロシヤの遺伝《いでん》学者、トゥルートさんが重要《じゅうよう》な報告《ほうこく》をしています。ロシヤの北部あたりに広がるシベリヤの野生のギンギツネをつかまえ、半世紀《せいき》の間、ひたすら攻撃性《こうげきせい》を取りのぞくように品《ひん》種改良《しゅかいりょう》した研究です。

つかまえるキツネは、子どもの時点で、「かんだりせず人間に近づく」ものを基準《きじゅん》に選《えら》んでいきました。そして、おとなになったら子どもとはなす、ということを20世代にわたって続《つづ》けたところ、ギンギツネはイヌのようになりました。

②尻尾《しっぽ》をふる、キュウキュウと鳴いてあまえる――。

(1) ――①「ボノボは……に変わってしまった」とありますが、その理由を文中から二十八字でぬき出して答えなさい。

から。

ヒント 「ボノボの進化」の理由は、どの段落《だんらく》に書かれているだろう。

(2) ――②「尻尾をふる、キュウキュウと鳴いてあまえる」とありますが、それとは反対の意味にあたる二字の言葉を文中より二つぬき出しなさい。

・

(3) ――③「ボノボの進化」とありますが、それにくらべ人間の「進化」はどうだといえますか。次の（　）に文

本来、母親に示《しめ》す行動ですが、人間にもするようになったのです。頭の骨《ほね》も短くなり、幼《おさな》い姿《すがた》のままで成長したような体つきになりました。

先ほどのヘアーさんとラングハムさんは、ギンギツネの例《れい》と同じように、チンパンジーの成長が途中《とちゅう》でとまり、まるで子どものまま一生を過《す》ごすように変化したのが③ボノボの進化だった、と考えるのです。なぜでしょうか。

その理由は食べ物のちがい、とヘアーさんたちは指摘《してき》します。ボノボのすむ世界は、チンパンジーの世界にくらべ、ゆたかです。ボノボのすむ森にはゴリラがいないおかげで、植物性《しょくぶつせい》の食べ物（木の実や新芽《しんめ》など）を確実《かくじつ》に手に入れることが可能《かのう》です。確実な食べ物がある世界にすむボノボには、争《あらそ》う理由が少ないのです。

わたしたち人間はどうでしょう。人間社会にある暴力《ぼうりょく》はなくなりません。その行動はボノボよりチンパンジーにはるかに近い存在《そんざい》です。わたしたち人間も、攻撃的な世界を背負《せお》って、心を進化させてきたのかもしれません。

（松島俊也《まつしまとしや》「動物に心はあるだろうか」）

＊ボノボ＝チンパンジー・ゴリラなどと同じ類人猿《るいじんえん》。

中からぬき出して答えなさい。

わたしたち人間は、ボノボよりチンパンジーに近く（　　　　　）のかもしれない。

(4) 本文の内容《ないよう》としてふさわしくないものを、次から選び、記号で答えなさい。

ア　ゴリラがすむ森では、植物性の食べ物を確実に手に入れることは困難《こんなん》である。

イ　野生の動物をつかまえ、ひたすら攻撃性を取りのぞくように品種改良したのが家畜である。

ウ　イヌは、進化するなかでギンギツネのようになったとロシヤの遺伝学者は重要な報告をした。

エ　ボノボの進化とは、いわばギンギツネやチンパンジーが幼いままで成長したようなものだ。

（　　）

ヒント それぞれの説明《せつめい》を、本文に照《て》らし合わせよう。

12日 まとめテスト (2)

月　日

時間 20分【はやい15分・おそい25分】
合格 80点
得点　点

↓答えは69ページ

1 次の文章を読んで、あとの問いに答えなさい。

「台風が来る」

大人たちは、そう言って、ラジオから流れてくる声を聞いていた。（中略《ちゅうりゃく》）

「停電《ていでん》するからね、きっと」

母はそう言って、ろうそくを数本ちゃぶ台*の上に置《お》き、大きな箱に入ったマッチをそのわきにそなえた。かんづめの空きかんをきれいにあらったものは、ろうそく立ての代用であった。

①不思議《ふしぎ》に父のきおくはほとんどない。父は、おそらくまだ独立《どくりつ》しない戦後《せんご》けいざいの立て直しのためにいそがしくかけずり回って、あまり家にはいなかったものと想像《そうぞう》される。いや、家にいても、ただステテコ*にちぢみのシャツを着て、ほとんど何もしないので、わたしたちの目にはその存在《そんざい》があまり見えていなかったのかもしれぬ。

夕方になると、まだ暗くならぬうちに、母はガタ

(1) ――①「不思議に父のきおくはほとんどない」とありますが、その理由を作者はどのように考えていますか。次の（　）に、それぞれ文中から言葉をぬき出しなさい。（10点×2―20点）

父は戦後けいざいの立て直しのために（　　　　）不在がちで、いてもステテコ姿《すがた》で（　　　　）わたしたちは気が付かなかったから。

(2) ――②「その表にバッテンの形に板を打ち付けた」とありますが、何のためですか。次から選《えら》び、記号で答えなさい。（20点）

ア 台風の雨風にそなえるため。
イ 台風をふせぐおまじないのため。
ウ 雨戸をだれにも開けさせないため。
エ ガラス戸を割《わ》らないよう、注意のため。

（　　）

ピシいうすい雨戸をとざして、②その表にバッテンの形に板を打ち付《つ》けた。
③家には二間《ふたま》あって、その東側《ひがしがわ》の一間は六畳《ろくじょう》ほど、西側おくの一間はもう少し広かったかもしれない。六畳の部屋《へや》の南はがらりと開くはき出しのガラス戸で、外にほんのお印《しるし》ほどの＊ぬれえんがもうけられていた。そうしてそのぬれえんから、すぐに小さな庭におりられるようになっていたのだった。
おくの部屋はこし高のまどで、わたしは雨の日などよくこのまどのしきいに顔を出して外をながめていた。いや、きっと箱か何かの上にせのびをしてのことであったにちがいない。
④ドンドン、ドンドンドンドン
母がくぎを打つたびに、その内側のそまつなガラス戸がじんじんとしんどうする。

わたしはその作業のあいだじゅう、庭に出て様子をながめていた。ハシゴにのぼって金づちをふるうおおがらな⑤母がひどくたのもしげに見えた。

（林　望《のぞむ》「東京坊《ぼっ》ちゃん」）

＊ちゃぶ台＝折《お》りたためる短い足が付いた食たく。
＊ちぢみ＝縮《ちぢ》み織《お》り。　＊ぬれえん＝雨戸の外側にあるえんがわ。

(3) ――③「家には二間あって」とありますが、庭にはどの部屋のどこから出られますか。次の（　）に、それぞれ文中から言葉をぬき出しなさい。（10点×2―20点）

二間の東側の、（　　　　）
がらりと開くはき出しのガラス戸で、（　　　　）
があり、そこから庭に出られる。

(4) ――④「ドンドン、ドンドンドンドン」とありますが、だれが何をしている音ですか。文中の言葉を使って答えなさい。（20点）

（　　　　）

(5) ――⑤「母がひどくたのもしげに見えた」とありますが、なぜ「たのもしげに見えた」のですか。次の（　）に言葉をうめて答えなさい。（20点）

母が父に（　　　　）
としているように思えたから。

13日

話の展開《てんかい》をつかむ

月　日

1 次の文章を読んで、あとの問いに答えなさい。

　マコト君のいれてくれたココアには、生クリームのホイップがぽってり浮《う》いている。サンドウィッチにまきついたセロファンをはずそうとした時だった。右目のはじっこにうつった灰色《はいいろ》のかたまり。あたしは、熱《あつ》いココアのカップをあやうく落としそうになってあわてた。[①]、と高い音をたてたものの、カップは中身を守りぬいて受け皿におさまった。

　近づいてくる灰色のかたまり。（中略《ちゅうりゃく》）

　あたしは、マコト君の視線《しせん》が、通りすぎた灰色のレインコートに注《そそ》がれているのを感じた。

「ああ、今、歩いてったあのひとのことさ。支店《してん》長《ちょう》ってあだ名でさ、ここの住人。世間じゃ浮浪者《ふろうしゃ》っていってるやつ。ちょっと神経質《しんけいしつ》そうだけど、おだやかないいおっさんさ。君も見かけること、あるだろ？」

　あの日、サンドウィッチをにぎりしめたあたしがおじさんを見つけたのは、北口のドームてんじょう

↓答えは70ページ

(1) この文章のどこかに、次の一文が入ります。入る直後の段落《だんらく》の、最初《さいしょ》の五字をぬき出しなさい。

・まっすぐ前を見てせかせかと歩いていくひとびとの中で、ぽつんと上を見ているおじさんは、まるでおかの上のキリストみたいだった。

ヒント ぬかれた一文には、入る前後の文につながる言葉が必《かなら》ずあります。それをまずさがそう。

(2) 文章中に「見ようとさえしない」の意味の慣用句《かんようく》が使われています。六字でぬき出して答えなさい。

(3) [①]・[②]にあてはまる言葉を①はア～ウ、②はエ～カからそれぞれ選《えら》び、記号で答えなさい。

ア ズドン　イ カチャン　ウ ドッシン

エ しっかりした　オ うっとりした　カ ほっとした

の下だった。おじさんは、荷物を両手に持ったままドームを見上げていた。見上げると足元がふわりと浮《う》き上がるみたいな高さを持つこのドームは、赤レンガでできた駅の北と南にひとつずつあって、駅のシンボルにもなっている。いそがしい駅で、ゆったりドームを見上げてるひとなんて、ほかにいるはずもない。

息せききってそばまで走りよったあたしに、おじさんは目もくれない。まず、ごめんなさい、だ。けれどあたしのごめんなさいは、のどのおくにはりついたまま一歩も動こうとしない。あたしは、サンドウィッチが手の中でつぶれたのを感じながら、かたをひくひくさせてただつっ立っていた。

「どうだ、このてんじょう。いつ見てもいいだろう。ローマのパンテオン*風だ。駅なのに、まるでしんでんの中にいるみたいだ」

おじさんは［②］目でドームを見上げ、つぶやいた。あたしは、おじさんのそばに一歩近づいててんじょうを見上げた。

③「ほんと」

こうして、④あたしたちは「知り合い」になった。

（中澤晶子《なかざわしょうこ》「ジグソーステーション」）

*パンテオン＝古代ローマの神々を祭ったしんでん。

①（　　）　②（　　）

(4) ——③「ほんと」とありますが、何がそうなのですか。文中からさがし、はじめと終わりの五字をぬき出して答えなさい。

□□□□□ ～ □□□□□

(5) ——④「あたしたちは『知り合い』になった」とありますが、「知り合い」になった「おじさん」は、さまざまに表現《ひょうげん》されています。話の流れにしたがって、次の（　）に九字以内で言葉をぬき出して答えなさい。

1（　　）→ 2（　　）→
3（　　）→ 4（　　）→
5（　　）→ 6（　　）→
7（おじさん）

ヒント「まるで」「ようだ」などを使わずにたとえた表現をさがそう。

段落《だんらく》の構成《こうせい》をつかむ

↓答えは70ページ

1 次の文章を読んで、あとの問いに答えなさい。

[1] 赤ちゃんや年寄りは別《べつ》として、昔から、ヒトというものは二本あしで歩くものとされてきました。

[2] ［①］、二本あしで歩くのはヒトだけでしょうか？　ほかどんなものがいるか、みなさんも考えてください。

[3] まず、ニワトリやダチョウがいますね。これらは二本あしで地上を歩き、また走りまわります。空飛《と》ぶトリたちも地上や梢《こずえ》におりれば、翼《つばさ》をたたみ、二本あしで立ったり、歩いたりします。ハトやサギなどは、左右のあしをかわりばんこに前へだして歩きます。スズメなど小鳥たちは、両あしをそろえて、ぴょんぴょんはねて前進します。

[4] ［②］、おなじ二本あしでも、③トリとヒトでは歩くときの姿勢《しせい》が、だいぶんちがいます。

[5] それでは、④トリが歩く姿《すがた》をまねしてみましょう。まず、二本のあしで立ち、腰《こし》を大きく曲げて、胴体《どうたい》

(1) ［①］・［②］にあてはまる言葉を次からそれぞれ選《えら》び、記号で答えなさい。

ア　しかし　　イ　なぜなら

ウ　または　　エ　ところで

①（　　）　②（　　）

ヒント まず、空らんの前後の関係《かんけい》をおさえよう。

(2) ――③「トリとヒトでは……ちがいます」とありますが、どのようにちがうのですか。次の□にあてはまる言葉を、それぞれ十三字でぬき出して答えなさい。

ヒトは［　　　　　　　　　　　　　］歩くが、

トリの多くは［　　　　　　　　　　　　　］して歩く。

ヒント 結論《けつろん》の段落《だんらく》と「トリが歩く姿」を説明《せつめい》した段落からさがします。

月／日

を前方へたおして水平にし、左右の腕《うで》は胴体にぴったりつけます。そして、顔をあげて、正面をむき、二本のあしで歩くのです。

[6]どうです。うまくできますか。まるで、腰のまがったお年寄りのような歩き姿ですね。これがツルやハクチョウであったならば、くびをさらに潜望鏡《せんぼうきょう》のように、ひょろひょろ高くもちあげなければなりません。

[7]二本あしで歩くといっても、トリとヒトでは、たいへんちがいます。ヒトが歩くときは、胴体をまっすぐ垂直《すいちょく》に立てています。

[8]でも、トリのなかにも、胴体を垂直に立てているものがいます。それはペンギンです。なるほど、テレビや動物園や水族館などでみられるペンギンは、顔をちょっと斜《なな》めに上にむけ、胴体をかなり垂直に立てています。

（香原志勢《こうはらゆきなり》「二本足で立つってどういうこと？」）

(3) ――④「トリが歩く……みましょう」とありますが、その結果どのようになりましたか。それがたとえられた部分を、文中から十七字でぬき出して答えなさい。

(4) この文章の構成《こうせい》について、ふさわしい説明を次からすべて選び、記号で答えなさい。

ア [1]で以前からみとめられていることをのべ、そこから[2]の問いをみちびいている。

イ [2]の問いに対して、[3]ではいろいろな具体例《れい》をあげて答えている。

ウ [4]は話の方向を「歩く姿勢」に変《か》え、[5]ではそれについて実際《じっさい》にヒトの場合で調べている。

エ [6]は、くびが長い種類《しゅるい》のトリについて、歩き方をしめしている。

オ [8]では、[7]の例外を付《つ》け加《くわ》えながら考え方を変えようとしている。

（　　）

ヒント 段落のはじめの接続語《せつぞくご》に注目して、段落と段落の関係を考えよう。

15日

主題を読み取る

➡答えは71ページ

月　日

1 次の文章を読んで、あとの問いに答えなさい。

①いちばん初《はじ》めは、犬だった。絵本で見たスイスのセントバーナード。大きくて、あたたかそうで。ぼくは、あのふさふさした毛にあこがれた。絵本を見たのが冬だったせいか、ぼくは、長い毛のあいだにもぐりこむ自分を想像《そうぞう》しては、うっとりとため息をついた。三歳《さんさい》のときだった。ぼくがおぼえている三歳というねんれいの、ただひとつの記憶《きおく》。

「ねえ、犬飼《か》って。大きいの、こんな大きい犬。」

ぼくは、いいかげんな返事をしながら新聞を横目で見ていた、パパの横顔だっておぼえている。

②「ああ、そのうちにな。おまえがおっきくなったらな。」

③同じ話題がなんどとなくくり返され、ぼくは十分「おっきく」なった。あれから、七年たったけれど、そのあいだにぼくが飼えたのは、カブトムシの幼虫《ようちゅう》と金魚とミドリガメだけだった。

(1) ――①「いちばん初め」とありますが、何が「いちばん初め」なのですか。

(　　　　)

(2) ――②「ああ……おっきくなったらな」とありますが、「おっきく」なるまでにどうしましたか。次の(　)にあてはまる言葉を、文中からぬき出して答えなさい。

ぼくが飼えたのは、(　　　　)だけだった。

(3) ――③「同じ話題がなんどとなくくり返され」とありますが、話題になった動物を答えなさい。

(　　　　)

ヒント　この文章でずっと話題になっているものです。

(4) ④にあてはまる「ねんれい」を答えなさい。

④になった今、ぼくは本気で――いつだって本気だったが――動物を、それもあいかわらず大きな動物を飼いたいと、思っている。

たとえば、先週の子ども新聞にカラー写真入りでしょうかいされていたカバの赤ちゃん。アフリカのジンバブエってところの農場で飼われている。名前は、ヒッピー。でっかいほにゅうびんから、栄養《えいよう》のありそうな白い液体《えきたい》をのませてもらって、ごきげんだ。いちばん感動したのは、農場の子どもといっしょに、ごろんとねころんでいる写真。⑤ぼくは、その子にしっとした。

「ねえ、ママおねがいだからなにか飼ってよ。ぼくがちゃんと世話するからさ。」

よく晴れた土曜の午後だった。⑥ママはうんざりした顔で、アイロンかけの手をとめた。家事が大きらいなママの、ゆいいつ「好きな」家事。アイロンかけをしているときのママは、きげんがいい。

（中澤晶子《なかざわしょうこ》「エレファント・タイム」）

(5) ――⑤「ぼくは、その子にしっとした」とありますが、なぜですか。次から選《えら》び、記号で答えなさい。（　　）

ア　パパがそのうちにと言った動物がいたから。
イ　自分が飼っているヒッピーと遊んでいたから。
ウ　自分が飼いたかった大きな動物の赤ちゃんといっしょにねていたから。
エ　パパが気に入っているカバに栄養のある白い液体をのませていたから。

(6) ――⑥「ママはうんざり……手をとめた」とありますが、どうしてそんな顔をしたと考えられますか。次から選び、記号で答えなさい。（　　）

ア　好きなアイロンかけをしていると中でたのみごとをされ、じゃまされたと感じたから。
イ　動物を飼ったときの世話の大変さに思いあたったから。
ウ　これまでに、大きな動物を飼うことをぼくから何度もおねがいされていたから。
エ　ぼくが本気でたのんでいるとわかり、あきらめさせるのに苦労《くろう》するだろうと思ったから。（　　）

結《けつ》論《ろん》をつかむ

1 **次の文章を読んで、あとの問いに答えなさい。**

わらはどんなすぐれた点をもち、どんな物に使われているのでしょうか。

①わらのすぐれた点の一つは、ほかの植物のくきにくらべて、やわらかく、じょうぶだということです。

正月に、しめなわをはってかざった家を見かけたことがあるでしょう。このしめなわは、わらをよって作った物です。わらでなわを作るのは、千年くらい前に始まったといわれます。

なわは、物をゆわえるのに欠《か》くことのできない物でした。雪の重みで折《お》れないように木の枝《えだ》をつるす「雪づり」に使うのは、なわです。なわは、［②］、引っぱるとのびるので、木をいためないのです。

石や土を運ぶのに使うもっこは、なわをあんで作ります。

また、細いなわにわらをあみこんで、わらじやぞうりを作りました。わらじは、足にしっかりとくく

↓答えは71ページ

(1) 次のA・Bは、この文章からぬいた文です。A・Bの文は、——①「わらのすぐれた点の一つは……です」・④「わらのすぐれた点の二つめは……です」のどちらの説明《せつめい》にあてはまりますか。

A　いずみ・えじこなどという、わらであんだ入れ物を使う農家がありました。この中に赤ちゃんを入れ、田畑のわきに置《お》いて、仕事をしました。安全で、おまけに中はとてもあたたかかったからです。

（　　）

B　むしろも、なわにわらをあみこんで作った物です。むしろをとじ合わせて、ふくろのようにしたのが、かますです。こくもつやいもなどを入れたり、塩《しお》を入れたりしました。

（　　）

(2) ［②］に入る言葉を、文中から五字でぬき出して答えなさい。

りつけるはきものです。四百年くらい前に江戸《えど》の町が栄《さか》えてきて、地方との行き来がさかんになると、わらじは、旅をする人の便利《べんり》なはきものとして、広く利用《りよう》されるようになりました。ぞうりもこのころからよく使われるようになりました。③それまでは、多くの人々は、はだしだったのです。（中略《ちゅうりゃく》）

④わらのすぐれた点の二つめは、熱《ねつ》をにがしにくいせいしつをもっていることです。くきの中の空気がこの動きをしているのだと考えられます。

農家で、秋にとり入れた野菜《やさい》やくだものを、地面に浅《あさ》くほったあなに入れ、たばねたわらを上にかぶせてたくわえることがあります。雪が積《つ》もっても、中の物がこおらず、春までもつのです。

寒い地方では、冬をむかえる前、雪や冷《つめ》たい風のふきつける北側《きたがわ》のひさしの下にわらたばを積み上げて、寒さをふせぐ農家もあります。（中略）

米作りのさかんな日本では、わらはたいていどこでも手に入りました。日本人は昔から、わらのすぐれた点を生かしてさまざまに利用し、くらしをゆたかにしてきました。ところが、そういう物が、くらしのなかからどんどんなくなっていっています。［⑤］

（「わらとくらし」）

(3) ――③「それまでは」とありますが、いつまでのことですか。文中の言葉を使って、「わらじや」に続《つづ》くように二十字以内《いない》で答えなさい。

わらじや［　　　　　　　　　　　　　　　　　　　　］。

(4) 最後《さいご》の段落《だんらく》が、この文章の結論《けつろん》です。［⑤］に入る文を次から選《えら》び、記号で答えなさい。

ア 昔の人のくらしのちえも、時とともに使われなくなっていくのは当然《とうぜん》です。

イ 昔の人が伝《つた》えてくれた生活のちえを、もう一度見直したいものです。

ウ わらはすぐれた点をもち、昔からいろんな物に使われ生活をゆたかにしました。

エ わらはずいぶんくらしに役立ってきましたが、これからは他のものを使いましょう。

（　　）

17日 まとめテスト(3)

月　日

時間 20分 [はやい15分・おそい25分]　合格 80点　得点　点

⬇答えは72ページ

1 次の文章を読んで、あとの問いに答えなさい。

サチは、近所の仲間《なかま》たちと山にきていた。いちばん前を、こんど六年生になる兄《あい》やんが歩き、サチはいちばんうしろを歩いていた。①十人の行列は、サチをのぞけば男の子たちばかりで、だれともなくばかなことを言って、笑《わら》いあいながら歩いている。弁当《べんとう》をもって山にくるのはほんとうに久《ひさ》しぶりだった。サチは、この春はいいことばかりだと思った。病気で入院していたお母さんももどってきたし、二ひき生まれた子猫《こねこ》も、サチの成績《せいせき》が上がったほうびにと、両方とも育ててくれることになった。そして、今日は、男の子にまざって、イタドリをとりにいけることになったのだ。ほかの女の子は、足手まといだからとまぜてもらえなかった。サチは、どこか男まさりのようなところがあって、それが認《みと》められたようだった。

「よーっし。弁当をこのへんにおいて」

(1) ——①「十人の……ばかり」とありますが、女の子がサチひとりなのはなぜですか。次から選《えら》び、記号で答えなさい。(20点)

ア サチは、女の子の仲間に入れてもらえてないから。

イ サチは、どこか男らしいところが男の子たちに評《ひょう》価《か》されていたから。

ウ サチは、男の子にまざって歩くのが好《す》きだったから。

エ サチは、ほかの女の子とちがい足手まといだったから。

(　　)

(2) ——②「約束ごと」とありますが、これを別《べつ》の表現《ひょうげん》ではどのようにいっていますか。十五字以内《いない》でぬき出して答えなさい。(20点)

□□□□□□□□□□□□□□□

「いいか、これは②約束《やくそく》ごとぞ。それぞれがとったイタドリはいっぺん集めて、それを家族ごとに分けあうがぞ。ふたりきてても、もって帰るぶんは、ひとりきてるもんと同じじゃ」

「どうして？」サチは、ちょっと面白《おもしろ》くない気持ちのままに聞いた。（中略《ちゅうりゃく》）

「どうしてふたり分出して、ひとり分しかもって帰れないの」サチは、そのことが聞きたかった。自分がとったイタドリだと③お母さんに自慢《じまん》できないのもいやだったが、どうしてふたりきて、ひとり分しかもって帰れないのか分からなかった。

「それも伝統《でんとう》みたいなもんじゃ。大きい子と小さい子じゃ、とるイタドリの量《りょう》がぜんぜんちがう。けど、必要《ひつよう》な量は、どこの家もおんなじぞ。山はひとりじゃこれん。だから、みんなで仲《なか》よく山にこられるように、男の子の間に伝《つた》わってきた伝統じゃ。兄やんらだって、小さいころは、そうやって④大きい子に助けられたんじゃ。分かったか、サチ」

「……」サチは、だまってうなずいた。

（笹山久三《ささやまきゅうぞう》「やまびこのうた」）

(3) ――③「お母さんに自慢できない」とありますが、なぜ「自慢できない」のですか。次の□に、文中の言葉を使って二十字以内で答えなさい。（20点）

□□□□□□□□□□□□□□□□□□□□

ために、どれがサチのとったものかわからないから。

(4) ――④「大きい子に助けられたんじゃ」とありますが、具体的《ぐたいてき》にどのようなことですか。次の（　）に言葉をそれぞれぬき出して答えなさい。（10点×2―20点）

小さい子の（　　　　）は少ないが、どこの家も必要な量は同じだから、大きい子と（　　　　）のだということ。

(5) この文章のどこかに、次の一文が入ります。入る直後の文の、はじめの五字をぬき出しなさい。（20点）

・そう声をかけた兄やんのところに、みんながつぎつぎに立ち止まって、行列がとうとうひとかたまりにむれた。

□□□□□

物語を読む (1)

1 次の文章を読んで、あとの問いに答えなさい。

けさはだれとも話なんかしたくなかったのに、学校へ行くとちゅう小谷陽子《こたにようこ》によびとめられた。（中略《ちゅうりゃく》）

「おはよっ」

「あ、おはよ」

「［①］」

いきなり陽子はいった。班《はん》がえ……やっぱり、みんな気にかけてるんだ。わたしのむねがドキドキ鳴りはじめた。でも、たいしてきょうみがないってふりをした。

「そうね」

「［②］、いつ指名してもらえるかってヒヤヒヤしちゃうんだもん。だれかさんみたいにさいごまで残っちゃうミジメじゃーん。ま、あの子がいるから安心てこともいえるけどさ。少なくともいちばんさいごにはならないだろうから……」

いやだなあといいながら、陽子は班がえをけっこ

(1) ［①］・［②］に入る会話文を次からそれぞれ選び、記号で答えなさい。

ア うるさいわね。パス

イ いやだなあ。毎回毎回

ウ きょう、班がえだね

エ それじゃ、どうすんのよ

①（　　）　②（　　）

(2) この文章は二つの場面に分けることができます。二つ目の場面のはじめの五字を答えなさい。

［　　　　　］

(3) ③「ヒヤヒヤ」とありますが、これと反対の意味の言葉と同じ意味の言葉を、それぞれ文中から二字でぬき出して答えなさい。

反対の意味［　　］

答えは72ページ

月　日

う楽しみにしているようにみえた。

「あ、そうか。小林さんは④そんな心配ないんだ。かならず佐知《さち》がいちばんにとってくれんだもんねぇ。いいわねぇ」

五年四組では二か月にいっぺん、クラスの班がえをする。四十二人だから、六人ずつの七班。男の子と女の子が三、四人ずついりまじって、給食《きゅうしょく》とかそうじとか自習とか、たいていのことをその班でする。
⑤問題なのはそのきめかた。トリトリっていって、まず班長になりたい人が立候補《りっこうほ》する。七人以上《いじょう》いた場合は投票《とうひょう》だけど、四月から三回やっているあいだに、もうメンバーはだいたいきまってしまった。班長がきまると、じゃんけんで勝った順《じゅん》に、ひとりずつほしい人をとっていく。
みんなにほしがられて、早いうちにとられる人はきまっていて、いつも同じ人がさいごに残る。とくに選《えら》びたい人がいないときはパスもできるけど、いやな子をおしつけられたくないから、みんなあまり使わない。

（泉《いずみ》 啓子《けいこ》「トリトリ　5年4組の場合」）

同じ意味 □□

(4) ④「そんな心配ないんだ」とありますが、どのような「心配」ですか。十一字でぬき出しなさい。

□□□□□□□□□□□ という心配。

ヒント 指示語《しじご》が指すものは、後ろを手がかりに前をさがします。

(5) ⑤「問題なのはそのきめかた」とありますが、「そのきめかた」によってどのような問題がおこっていますか。次の二つの文の□に、文中の言葉を使ってそれぞれ十字以内と二十字以内で答えなさい。

・□□□□□□□□□□に変化《へんか》がない。

・□□□□□□□□□□□□□□□□□□□□がいつも同じで固定《こてい》している。

➡答えは72ページ

月　日

1 **次の文章を読んで、あとの問いに答えなさい。**

〔アフリカにいるおじさんから一枚《いちまい》の絵が届《とど》いた。かべにかけておいた絵の中に流れ星があらわれ、一郎《いちろう》は絵の下で星のかけらの石を見つけたのだった。〕

「大人になったら、何になりたい？」

と聞かれた、一郎はいつでも、

「天文学者。」と答える。

「いやにはっきりしているんだな。」

「うん、ちゃんと決めてるんだもん。」

（中略《ちゅうりゃく》）

それきり、二度と絵の中の空に星が出ることはなかった。見れば見るほど下手くそな絵——それだけのものだった。それで、①ときには一郎でさえ、あの星のことは、見あやまりではなかったのか——と思うほどだった。

だが、あの石は、ちゃんと引き出しの中にあった。

（やっぱり、ほんとにあったことなんだ。）

②一郎はそう考え直して、にこにこする。

そして、一月《ひとつき》がまんして、そのとっときのひみつ

(1) ——①「ときには一郎でさえ……ほどだった」とありますが、なぜそう思ったのですか。次の（　）に、文中の言葉をぬき出して答えなさい。

（　　　　　　　　　　）だったので、いくら見ても本当のことに思えなかったから。

(2) ——②「一郎はそう考え直して、にこにこする」とありますが、なぜそんな気持ちになったのですか。次の（　）に、言葉をぬき出して答えなさい。

ふたたび絵の中の（　　　　　　　　　　）ので、自分の見まちがいかと考えたが、石は（　　　　　　　　　　）にあり、（　　　　　　　　　　）と思えたから。

(3) ——③「福島君ときたら……しないのだ」とありますが、それをくやしく思う一郎の気持ちが態度《たいど》に表れて

を、ただ一人――親友の福島《ふくしま》君にだけ話してやることにした。石も、ちゃんと見せてやることにした。

ところが、③福島君ときたら、話を聞き、絵を見、石を見ても、ほんとうにしないのだ。絵の中に星が出るなんて、おまけに、そいつが流れ星になるなんて！　とわらわれてしまうのだった。そうして、おしまいには、

「一郎君、そのとき、おなか［④］じゃなかったのかい？」と聞くんだ。

「ん。そういえば、ご飯《はん》前だったな。」

「じゃ、やっぱり流れ星なんかじゃないよ。うんとはらのへったときには、目の前が［⑤］して、星が出たように見えるんさ。ぼくのけいけんから、ほんとだぜ。」

「そんなこと、あるもんか！」

せっかく、とっときのひみつを、それも、たった一人だけ教えてやったのに、なんということだろう。一郎は、すっかりはらをたてて、さよならも言わずに、福島君と別《わか》れた。

そしてその帰り道、ポケットの中のあの石をぎゅっとにぎりしめながら、⑥一郎は心に決めたのだった。


（今江祥智《いまえよしとも》「星のかけら」）


いるところをぬき出して答えなさい。

（　　　）

ヒント そのあとの一郎の行動に注目しよう。

(4) ［④］・［⑤］に入る言葉を次からそれぞれ選《えら》び、記号で答えなさい。
ア ふわふわ　　イ ちかちかっと
ウ ぺこぺこ　　エ はらはらっと
オ しくしく　　カ さわさわっと
④（　　）　⑤（　　）

(5) ――⑥「一郎は心に決めたのだった」とありますが、何を「決めた」のですか。文中の言葉を使って二十字以内《いない》で答えなさい。

物語を読む(3)

1 **次の文章を読んで、あとの問いに答えなさい。**

ワゴンを囲《かこ》む二人は、花火を手に取って、そっと滑《すべ》らせるように手さげカバンに入れた。現行犯《げんこうはん》だ。

もやもやとくすぶっていた機嫌《きげん》の悪さが、その瞬《しゅん》間《かん》、はじけた。サンダルをつっかけると、膝《ひざ》にはげしい痛《いた》みがきた。（中略《ちゅうりゃく》）無理《むり》やり体をよじると、今度は腰《こし》にえぐられるような痛みがきた。床《ゆか》に倒《たお》れた。とっさに手をつく余裕《よゆう》もなく、肩《かた》から落ちた。

三人の少年が自転車にまたがっていた。①店の中でなにが起きたのか知らないはずはないのに、ペダルを踏《ふ》みこんで、逃《に》げた。

（馬場《ばば》文具店の店番、通称《つうしょう》）オニババは床に倒れたまま、「この、クソガキどもが……」とうめいた。「こんちきしょう……」とも言った。うめきつづけた。

膝と腰と肩の痛みのせいで自分でもなにを言ったのか覚《おぼ》えていないのだが、とにかく思いつくかぎりの罵《ば》詈《り》雑言《ぞうごん》を並《なら》べて、姿《すがた》を消した泥棒《どろぼう》どもにぶつけた。

➡答えは73ページ

(1) ──①「店の中でなにが起きたのか……ないのに」とありますが、「なにが起きた」のですか。文中から十字でぬき出しなさい。

□□□□□□□□□□

(2) ②・④・⑤・⑦に入るものを、気持ちの変化《へんか》に注意して次から選《えら》び、記号で答えなさい。

ア もしも三人がさらに物を盗《ぬす》もうとして入ってきたのなら、今度こそ捕《つか》まえてやる

イ ため息をついて、がくん、と肩を落とした。支えが折《お》れた

ウ 心を支えていた怒りに、小さなひびが入る

エ ぽきんと折れてしまいそうな気がしていた

②（　　）④（　　）
⑤（　　）⑦（　　）

ヒント 最初にある、「大事な柱が」どうなっていくのかをおさえよう。

必死だった。怒《いか》りで気持ちを支《ささ》えていないと、心の奥深《おくぶか》くの大事な柱《はしら》が、［②］。うめきながら体を起こす。立ち上がることができない。棚《たな》に背中《せなか》をあずけ、両脚《りょうあし》を床に投げ出すのがやっとだった。

③「年寄りだと思って……バカにして……ふざけるんじゃないよ……ほんと、まだガキのくせして……」

息が少し楽になってしゃべりやすくなったのに、声の響《ひび》きは逆《ぎゃく》に弱々しくなってしまった。［④］。

「やってられないよ、もう……」［⑤］。

⑥「もういいよ、もうどうでもいいよ、べつに……」

（中略）

引き戸が開いた。少年たちがおそるおそる店の中に入ってきた。オニババはじっと横になったまま、薄目《うすめ》で三人の様子をうかがった。［⑦］。体を起こせなくても、足首を両手でつかんでやる。覚悟《かくご》を決めていた。三対一だろうが、「いまどきの子どもは追いつめられるとなにをするかわからない」だろうが、そんなの知ったことか。やるならやってみろ、⑧こっちは小学生相手に何十年も商売《しょうばい》やってきたんだ、店を守ってナイフで刺《さ》されるんだったら本望《ほんもう》ってもんだ、こんちきしょう……。

（重松《しげまつ》　清《きよし》「オニババと三人の盗賊《とうぞく》」）

(3) ――③「年寄りだと思って……ガキのくせして……」と同じような表現《ひょうげん》があります。そのことを何といっていますか。文中から四字の漢字をぬき出して答えなさい。

(4) ――⑥「もういいよ……べつに……」とありますが、何が「もうどうでもいい」のですか。文中の言葉を使って、十五字以内《いない》で答えなさい。

ヒント　最後《さいご》の一文、「～守って」「～やってきた」ものです。

(5) ――⑧「こっちは小学生相手に何十年も商売やってきたんだ」とありますが、この「オニババ」の思いをたとえた表現を、文中から十字でぬき出しなさい。

脚《きゃく》本《ほん》を読む

1 **次の脚本《きゃくほん》を読んで、あとの問いに答えなさい。**

惣《そう》ど　①鶴《つる》の千羽織《せんばおり》——ちゅうただな？

運《うん》ず　［②］

惣ど　おい運ず、われ、間にはいってえらいとこもうけをしとるんだろう。

運ず　えへへ、えらいとこっちゅうほどでもねえでよ。

惣ど　この野郎。けどな、もしそれがほんなもんの千羽織なら、とても五十両や百両の騒《さわ》ぎではねえだぞ。

運ず　［③］

惣ど　それはな、生きとる鶴の羽根を千枚ぬいて織り上げた織物だ。

運ず　ほおん。あの女房《にょうぼう》、一体どこから鶴の羽根など集めて来よるんだろのう？

惣ど　［④］

運ず　何だ何だ。

惣ど　おい見ろ。鶴の羽根だ。……ふうん。やっぱりこらァ……

↓答えは73ページ

(1) ——①「鶴の千羽織」とありますが、どのようなものですか。文中から言葉をぬき出して答えなさい。

（　　　　）

(2) ［②］～［④］に入る「せりふ」を次からそれぞれ選《えら》び、記号で答えなさい。

ア　あれか？　あの女が与ひょうの女房か？

イ　あれ、そうかね？　どだい何だね？　鶴の千羽織っちゅうは。

ウ　町の人がそういうだ。天竺《てんじく》まで行かな見られんめずらしい布だとよ。

エ　ふうん、こっちが機屋《はたや》か。……（思わず上がりこんで隣室《りんしつ》をのぞく）なるほど、機が置《お》いてあるわ。……やっ。

②（　　）　③（　　）　④（　　）

ヒント　つながる言葉（指示語《しじご》など）を、せりふからさがそう。

月　　日

運ず　本ものか？　……
（間――）いつの間にか帰って来たつうが、奥《おく》からすっと出る。
運ず　わっ。
惣ど　あっ、こ、こら、留守《るす》の間に上がりこんで……。
つう　⑤……？（鳥のように首をかしげていぶかしげに二人を見まもる）
運ず　へい、おらはその、向《むこ》うの村の運ずっちゅうもんで、⑥あの布《ぬの》のことではいつもどうも与《よ》ひょうどんに……
つう　……？
惣ど　そんで、なあかみさんよ、実はその、布の話をこやつから聞いて……おらも向うの村の惣どっちゅうもんだが（中略《ちゅうりゃく》）
つう　……（ただいぶかしげに見ているが、ふと物音でも聞いたように、身をひるがえして奥に消える）
惣ど　⑦……？
運ず　……？
惣ど　おい……
運ず　何だあらァ？　こちらのいうことは……
惣ど　うん、一つも言葉が通じんような……まるで気配が鳥のようだ。

（木下順二《きのしたじゅんじ》「夕鶴《ゆうづる》」）

(3) ――⑤「……？（鳥のように……見まもる）」とありますが、なぜ「いぶかしげに」見るのですか。十字以《い》内《ない》で言葉をぬき出して答えなさい。

□□□□□□□□□□から。

(4) ――⑥「あの布のことではいつもどうも与ひょうどんに……」とありますが、どういうことですか。二十字以内で言葉をぬき出して答えなさい。

□□□□□□□□□□□□□□□□□□□□

(5) ――⑦「……？　……？」とありますが、ここからはどのような気持ちが読み取れますか。次の□に、一字と六字の言葉をぬき出して答えなさい。

つうはひょっとして□かもしれないと□□□□□□思う気持ち。

ヒント「気持ち」といえる言葉は、せりふの中に一つしかありません。

22日 まとめテスト (4)

月	日

時間 20分【はやい15分・おそい25分】
合格 80点
得点　　点

1 次の文章を読んで、あとの問いに答えなさい。

〔おじいちゃんが孫《まご》に子どものころの話をします。日本は戦争《せんそう》に負けたので、勝ったアメリカがしばらく日本を占領《せんりょう》していた。〕

（中略《ちゅうりゃく》）

（アメリカ兵《へい》の）進駐軍《しんちゅうぐん》がやってくるまで、おとなたちは不安《ふあん》だったらしいね。敵《てき》の兵隊《へいたい》が勝ってのりこんでくるんだから、負けたほうはどんな目にあわされるかわからないと思ったんだ。男はみんな殺《ころ》されると。女はみんなどこかにつれていかれてひどい目にあう、なんてウワサが流れたほどだ。

[①] 実際《じっさい》のアメリカ兵はこわい人たちじゃなかった。とくに子どもたちにはやさしかったね。それが②アメリカ政府《せいふ》の方針《ほうしん》だったんだろう。占領した国の人たちがこわがらないように気をつけていたんだと思うよ。兵隊はこのあたりにもジープでやってきた。そして子どもたちにチョコレートやチューインガムをくれる。

↓答えは74ページ

(1) [①]・[⑥] に入る言葉を次からそれぞれ選《えら》び、記号で答えなさい。（10点×2—20点）

ア また　イ だから　ウ つまり
エ でも　オ ところで

①（　　）　⑥（　　）

(2) ——②「アメリカ政府の方針」とありますが、どのような「方針」ですか。次の（　）に、文中からそれぞれ言葉をぬき出して答えなさい。（10点×2—20点）

（　　　　）ように、とりわけ（　　　　）く気を配るという方針。

(3) ——③「あのころ」とありますが、いつごろですか。文中から十八字でぬき出して答えなさい。（20点）

③あのころの日本にはお菓子《かし》なんかあまりなかった。それにチョコレートだのチューインガムは、ぼくたちにはとてもめずらしいものだった。子どもたちはアメリカのお菓子がほしくて、ジープのあとをおいかけていったものだ。

「ギブ・ミー・チョコレート!」

「ギブ・ミー・チューインガム!」

なんてさけびながらジープのあとをはしる。兵隊は子どもたちにパラパラとお菓子をなげてくれる。

でもね、④ぼくはそれをやったことがない。友だちはみんなやってたけど、ぼくにはどうしてもできなかった。そういうことをするのはなんだかとてもはずかしいことのような気がしたんだよ。だってついこのあいだまで、アメリカ兵は敵だ、あいつらはオニだ、なんておしえられてきたわけだから、戦争に負けたからって、急《きゅう》にチョコレートちょうだいなんていうのはみっともないいんじゃないかと思ったんだね。

⑤そうは思うんだけど、チョコレートやチューインガムをほしい気持ちはほかの子とかわりがない。⑥

友だちがもらったチョコレートをたべる。

(和田《わだ》 誠《まこと》「冒険《ぼうけん》がいっぱい」)

ころ。

(4) ――④「ぼくはそれをやったことがない」とありますが、何を「やったことがない」のですか。文中から三十字以内でさがし、はじめと終わりの五字をぬき出して答えなさい。(20点)

～

(5) ――⑤「そうは思うんだけど」とありますが、どんな「思い」ですか。五～六字の言葉を文中から二つぬき出しなさい。(10点×2―20点)

・

・

23日

説《せつ》明《めい》文を読む (1)

月／日

1 **次の文章を読んで、あとの問いに答えなさい。**

ぼくはチョウをいろいろ研究《けんきゅう》したが、はじめから学問の対象《たいしょう》として見ていたのではないと思う。

チョウには蝶道《ちょうどう》があって決まったところを飛《と》ぶ。たとえば①クロアゲハは、もっと低《ひく》いところを飛んでくれたらとりやすいのに、どうして高い木の梢《こずえ》のあたりしか飛ばないのか。子どものときからずっと疑問《ぎもん》だった。

じゃあ、いったいどういうところを飛ぶのか。

チョウはわけもわからず飛んでいるのではなく、自分のほしいものをさがしながら飛んでいる。すべてのチョウが花をほっして花のあるところを飛んでいるかというと、必《かなら》ずしもそうではない。

②たいていのアゲハは木の梢のあたりを飛ぶ。花がないのにどうしてだろう？　そんなふうにものを見直していく。

そして、その「なぜ」は、調べていったというよ

⬇答えは74ページ

(1) この文章のどこかに、次の二文が入ります。入る直後の、はじめの五字をぬき出して答えなさい。

・考えたら、こんな「なぜ」はわかってもわからなくてもいいのではないか、くだらない「なぜ」なのではないかという気もする。それをあまり問う人はいなかったわけだが、不思議《ふしぎ》に思いはじめると不思議なのだ。

□□□□□

ヒント ぬかれた文から、文章とつながる言葉を見つけよう。

(2) ――①「クロアゲハは……飛ばないのか」のような子どものときの疑問とはちがう見方を文中からさがし、「～という見方。」に続くように五字の言葉でぬき出しなさい。

□□□□□という見方。

り、考えていったのだ。

㋐山の中で木がいっぱいあっても、アゲハは杉《すぎ》や檜《ひのき》などの人工林を飛ぶことはない。

㋑雑木《ぞうき》が生えているところを飛ぶ。

㋒そこには卵《たまご》を産《う》めるユズやカラタチといった植物《しょくぶつ》が生えている。

㋓もしかしたらかれらはミカン科の木の葉っぱに卵を産んで（そこで）成虫になるから、花畑よりも木の梢のほうを飛んでいる雌《めす》が多いのではないか。

㋔雄《おす》はそこで雌に出会うのではないか。

というぐあいに説明《せつめい》がついてくる。
③仮説《かせつ》を立てて、実際《じっさい》に調べてみる。
［④］なことがわかってくると、だんだん［⑤］にあてはまる理屈《りくつ》が見えてくる。

行動から見ようと思ったのではなく、なんであそこを飛ぶのだろう、なんでこっちを飛ばないんだろう、という、きわめて具体的《ぐたいてき》な疑問が始まりだった気がする。動機《どうき》はそういうふうに具体的でないと、どうもあとがうまく続《つづ》かないのではないか。具体的に見なければダメだと、ぼくは強く思っている。

（日高敏隆《ひだかとしたか》「世界を、こんなふうに見てごらん」）

(3) ——②「たいていのアゲハは木の梢のあたりを飛ぶ」とありますが、チョウの飛ぶところを何といいますか。二字の言葉をぬき出して答えなさい。

［　　］

(4) ——③「仮説を立てて、実際に調べてみる」とありますが、「仮説」にあたるものを文中の㋐～㋔から選《えら》び、記号で答えなさい。

仮説（　　）

(5) ［④］・［⑤］に入る言葉の組み合わせとして正しいものを次から選び、記号で答えなさい。

ア ④総合的《そうごうてき》 ⑤特殊《とくしゅ》
イ ④具象的《ぐしょう》 ⑤抽象《ちゅうしょう》
ウ ④具体的 ⑤一般《いっぱん》
エ ④個別的《こべつ》 ⑤主観《しゅかん》

（　　）

月　日

1 次の文章を読んで、あとの問いに答えなさい。

「何なの、これ。これがお年玉。」

おじさんからもらった小さな箱を開けて、太郎《たろう》君は思わず大きな声を出しました。箱の中には、丸い小さなおもちが一つ入っているきりだったのです。

（中略《ちゅうりゃく》）

「ふしぎそうな顔をしているようだから、正月の話をしてあげようか。」と言って話を始めた。

正月になると、人はみんな「おめでとう。」と言い合うね。①何がめでたいのだろう。一年のはじめだから、かな。

昔は、春のはじめを一年のはじめとしていた。今のこよみでいう［②］に当たるころだ。春になると、動物も植物も生き物はみんな元気を取りもどし、新しく活動をし始める。こういう生き生きとした春をむかえることをよろこび、いわうのが正月だ。［③］、正月はめでたいというのだ。

↓答えは75ページ

(1) ――①「何がめでたいのだろう」とありますが、なぜ「めでたい」のですか。次の（　）に文中から言葉をぬき出しなさい。

昔は一年のはじめが春で、春になれば、（　　　　）新しく活動を始め、その（　　　　）をむかえられるから。

(2) ［②］・［④］に入る言葉を次からそれぞれ選《えら》び、記号で答えなさい。

ア 春分　イ おせち
ウ 立春　エ 丸いもち
オ 立冬　カ かどまつ

②（　　）　④（　　）

ところで、正月には「正月さん」という神様がやってくる、そう人々はしんじていた。正月さんが天から下りてくるとき目じるしになるように立てたのが、④なんだよ。

正月さんは「年神様《としがみさま》」ともいい、農業の神様だ。それで、農家の人々は、正月にもちをそなえ、今年《ことし》も米や麦などが豊作《ほうさく》であるようにおねがいする。

また、正月さんは人々に幸福《こうふく》を持ってきてくれる神様だから、農家でなくても、やはり、もちをそなえ、ぞうにやおせちを食べて、おいわいをするんだ。

⑤、お年玉の話だ。神様にそなえる大きなかがみもちのほかに、小さな丸いもちを家族の数だけ作って、これも神様にそなえ、後で一人一人がいただく、正月さんが、幸《しあわ》せを一人一人に分けてくださるというのだ。こういう古いならわしが、日本のあちこちにのこっていて、そこでは、このもちをお年玉とよんでいる。もうわかっただろう。⑥これが、もともとのお年玉なんだ。だから、君にあげたあのもちは、まちがいなく、⑦というわけさ。

（「正月さん」）

(3) ③・⑤に入る言葉を次からそれぞれ選び、記号で答えなさい。

ア さて　イ だから　ウ つまり
エ しかも　オ ところが

③（　　）　⑤（　　）

(4) ――⑥「これ」は何を指していますか。次の（　）に、文中から言葉をぬき出しなさい。

（　　　　）、これをかがみもちとともに神様にそなえ、（　　　　）こと。

ヒント 文章の最初《さいしょ》にもどって考えよう。

(5) ⑦には主題（＝文章に何が書いてあるか）に関係《かんけい》した言葉が入ります。文中から三字でぬき出しなさい。

25日

説《せつ》明《めい》文を読む (3)

1 次の文章を読んで、あとの問いに答えなさい。

わたしたちは、食べ物を食べるとき、手ではしや茶わんを持ったり、パンをちぎったりします。では、①人間の手にあたる動物の前足は、どんなことができるでしょうか。

わたしたち人間とさるのなかまだけが、物をつかむ手を持っています。つかむだけでなく、パンをちぎったり、ビスケットをわったりすることができます。

どうして、人間とさるの手は、物をつかんだり、ちぎったり、わったりすることができるのでしょう。

自分の手を広げて、見てみましょう。

手の指は、人さし指と中指と薬指と小指が、ならんでついています。それぞれの指は、三本のほねがつながってできていて、それが手のひらにつながっています。そして、ほねとほねとのつなぎめのところは、よく曲がるようにできています。親指は、ほ

⬇答えは75ページ

(1) ――①「人間の手にあたる……でしょうか」とありますが、次のア〜ウは、この文に続《つづ》く段落《だんらく》です。正しい順《じゅん》にならべて記号で答えなさい。

ア 犬やねこは、前足で食べ物をおさえることができます。しかし、食べ物を持つことはできません。

イ ねずみやりすのなかまは、両方の前足で食べ物を持って食べることができます。しかし、両方ではさんでいるだけなので、かた方だけでは持てません。

ウ 馬や牛の前足は、後足といっしょに体をささえています。

(　　)→(　　)→(　　)

(2) ――②「人間とさるは……持っています」とありますが、これについて、次の問いに答えなさい。

① 何が「すばらしい」のですか。文中より二十六字でさがし、はじめと終わりの五字を答えなさい。

月　日

かの指と向き合えるように一本だけはなれています。ほねは二本ですが、やはり、よく曲がるようにできています。この親指の先と、ほかの指の先を合わせると、輪《わ》を作ることができます。

手の指がこのようにしてできているので、わたしたちは、これを使っていろいろなことができるのです。たとえば、わたしたちがみかんの皮をむくとき、かた手でみかんをにぎり、もう一方の手と親指を使って皮をむきます。さるのなかまも、わたしたちとにたような手を持っています。

②人間とさるは、たいへんすばらしい手を持っています。けれども、手だけでは、どうしてもできないこともあります。えん筆をけずったり、大きな木を切りたおしたりすることは、手だけではできません。そこで、人間は、ナイフやのこぎりなどを使います。このナイフやのこぎりが道具です。道具は、人間の［③］が作り出したものです。

（「手と道具」）

［　　　　　］～［　　　　　］

② なぜそんな「すばらしい」ことができるのですか。次の（　）に、文中から言葉をぬき出しなさい。

手の指は、人さし指など四本の指が、

（　　　　　）いて、

それぞれの指のほねのつなぎめのところは、

（　　　　　）いる。

そして、親指はほかの指と

（　　　　　）

いるから。

(3) ［③］に入る言葉を次から選び、記号で答えなさい。

ア 手と足　　イ 手と体

ウ 手とちえ　　エ 手と時間

（　　）

月　日

時間 20分【はやい15分・おそい25分】
合格 80点
得点　　点

1 次の文章を読んで、あとの問いに答えなさい。

①ボールペンの構造《こうぞう》はシンプルである。直径《ちょっけい》二ミリくらいのパイプ状《じょう》のホルダーと、その先頭に入れるボールと、インクの入ったタンクの三つの部品の組み合わせでできている。［②］の先端《せんたん》にボールを半分以上《いじょう》挿入《そうにゅう》してから、ボールがぬけ落ちないように最《さい》先端部分をすぼめてしまう。インクタンクの先にボールを受ける座《ざ》があって、［③］が回転《かいてん》できるようにかすかなすきまができている。［④］の先にインクの出口にあたる穴《あな》があいていて、回転するボールに誘導《ゆうどう》されて［⑤］が供給《きょうきゅう》される。それだけの構造である。

それだけの構造だから、戦後《せんご》の復興《ふっこう》を急いだ業者がすぐにまねたのだろう。しかし、⑥単純《たんじゅん》な構造のものほど精密《せいみつ》につくらないと機能《きのう》しない。字を書くときのボールペンの回転速度《そくど》は、時速二〇〇キロで走る車のタイヤの回転に等しいのだという。

↓答えは76ページ

(1) ――①「ボールペンの構造はシンプルである」とありますが、なぜそういえるのですか。その理由を、次の（　）に、言葉をぬき出しなさい。(10点)

たった（　　　　　　）から。

(2) ［②］～［⑤］に入るものを次からそれぞれ選《えら》び、記号で答えなさい。(5点×4―20点)

ア ホルダー　イ ボール
ウ インク　エ タンク

②（　）　③（　）　④（　）　⑤（　）

(3) ――⑥「単純な構造のものほど精密につくらないと機能しない」とありますが、「機能しない」とどのようなことがおこりますか。二十三字で、言葉をぬき出して答えなさい。(20点)

ボールの[⑦]が悪ければ、たちまちボールそのものが変形《へんけい》する。ホルダーとボールの摩擦《まさつ》でガタを生じてボールがぬけ落ちる。インクの質《しつ》やインク穴の大きさによっては、字がかすれたり、インクが出すぎるという問題もある。

形だけならまねるのはやさしいが、じつはこの三つの部品の構造は、素材《そざい》や部品の加工精度《せいど》、組み立ての精度が「超《ちょう》」の字がつくほど精密につくられている。

デパートの売り場をのぞけば、モンブランをはじめ多くの万年筆メーカーの高級なボールペンが並《なら》んでいる。一方、催《もよお》し物の会場では無料で配られるようなボールペンもある。そんな安価《あんか》なボールペンでも、最近《さいきん》はボールが動かなくなったり、文字がかすれたりすることはあまりない。それほど上手につくられている。それほど技術《ぎじゅつ》が進歩したと言ってもいい。

いまではだれでも、なにげなく使っているが、⑧ここにも道具のフシギがたくさん隠《かく》されている。

（小関智弘《こせきともひろ》「道具にヒミツあり」）

(4) [⑦]には、文中にある言葉が入ります。漢字一字でぬき出して答えなさい。（20点）

□

(5) ――⑧「ここにも道具……隠されている」とありますが、どういうことですか。次の（　）と□（二字）に、言葉をぬき出して答えなさい。（10点×3―30点）

ボールペンという道具の、単純な三つの構造には

（　　　　）

において、「フシギ」としか言いようのない

（　　　　）

な□□がふんだんにつまっている。

27日 詩を読む (1)

⬇答えは76ページ

月／日

1 次の詩を読んで、あとの問いに答えなさい。

夕だち

村野四郎《むらのしろう》

＊ヨシキリが
大さわぎして　にげまわる
①むこうから　かけてくる村の人
こちらから　かけてゆく町の人
みんな　ひさしへ　とびこんだ
夕だちだ　夕だちだ

空のおさらを　ひっくりかえしたようだ
雨はどうどう
ぼくの頭から　せなかのほうへ
②滝《たき》のように流れおちた
③　　ぼくはおどろかない　へいきだ

(1) この詩は三つの連に分けることができます。第二連、第三連のはじめの言葉を、それぞれ五字で答えなさい。

第二連 □□□□□
第三連 □□□□□

(2) ――①「むこうから　かけてくる村の人　こちらから　かけてゆく町の人」とありますが、これらの人を直後にある「みんな」以外《いがい》に何と表現《ひょうげん》していますか。詩の中からぬき出して答えなさい。

（　　　　　　　　）

(3) ――②「滝のように流れおちた」とありますが、同じような「たとえ」の表現を、詩の中からぬき出しなさい。

ぼくは水泳の帰りみち
帽子《ぼうし》もかぶらず　まるはだかだ
あわてる人々をながめながら
ゆうゆうと　道を歩いてきた
そしてときどき　④天のほうをむいて
夕だちを飲んでやった

＊ヨシキリ＝ウグイス科の小鳥。

（　　）

ヒント　「〜ように」と同じような言葉が使われています。

(4) ③ に入る言葉を次から選び、記号で答えなさい。

ア　だから　　イ　そのうえ
ウ　なぜなら　エ　けれども

（　　）

(5) ――④「天のほうをむいて　夕だちを飲んでやった」とありますが、ここからどんな様子が感じられますか。**あてはまらないもの**を次から選《えら》び、記号で答えなさい。

ア　元気があふれ、楽しい。
イ　こっけいで切ない。
ウ　力強く落ち着いている。
エ　さわやかで気持ちがいい。

（　　）

ヒント　――④の前に書かれている「ぼく」の様子からも考えよう。

1 次の詩と文章を読んで、あとの問いに答えなさい。

雲《くも》

山村暮鳥《やまむらぼちょう》

おうい雲よ
ゆうゆうと
馬鹿《ばか》にのんきそうじゃないか
どこまでゆくんだ
ずっと磐城平《いわきだいら》の方までゆくんか

どなたも知っている暮鳥のこの詩は、とても単純《たんじゅん》なかたちで、雲を ① あつかっています。子どもの心そのままに、なんの ② 、思わず口にでたことばがそのまま書かれているように思えますね。

大正時代に書かれたこの詩が、いまも変《か》わらずに愛《あい》されているのは、この③童心《どうしん》の美しさにあるので

⬇答えは76ページ

(1) ①・② に入る言葉を次からそれぞれ選《えら》び、記号で答えなさい。

ア きどりもなく　イ とりえもなく
ウ 希望《きぼう》もなく　エ 人間として
オ 植物として　カ 友だちとして

①（　　）　②（　　）

ヒント ②前後の「そのまま」「思わず口にでた」の言葉から考えます。

(2) ――③「童心」とありますが、この意味にあたる言葉を、文中よりぬき出しなさい。

（　　）

(3) ④・⑥ に入る詩の言葉を答えなさい。

④（　　）
⑥（　　）

月　日

しょう。けれど、そればかりではなく、一言一言のことばにも、深い味《あじ》わいのあることが思われます。「④」と、よびかけることばのひびきからは、すみきった空の⑤が思われ、その青さの中に、流れてゆく雲の姿《すがた》がうかんできます。雲までの距離《きょり》は、遠すぎも近すぎもしない。「⑥」と、よんでとどく距離。この「⑥」という、このはじめにおかれたことばがとても効果的《こうかてき》で、雲がどのあたりに流れているかを伝《つた》えています。

「ゆうゆうと　馬鹿にのんきそうじゃないか」

このことばで、ゆったりとひろがる雲の⑦やその形もうかびます。

そしてこの日は、風もそよ風、やさしく、ここちよい程度《ていど》に吹《ふ》いているのでしょう。

（高田敏子《たかだとしこ》「詩の世界」）

(4) ⑤・⑦には色を表す言葉が入ります。それぞれ二字で答えなさい。

⑤ ［　　］　⑦ ［　　］

(5) この詩の構成《こうせい》を説明《せつめい》した次の文について、□には行数を漢字で、［　］には入る言葉をあとから選び、記号で答えなさい。

「雲」のイメージ・情景《じょうけい》を、はじめの□行で表現《ひょうげん》し、あとの□行で流れる「雲」を［　］。

ア でむかえている
イ 見送っている
ウ おうえんしている
エ かんげいしている

（　　）

29日

短歌・俳《はい》句《く》を読む

月　日

1 次の短歌を読んで、あとの問いに答えなさい。

① 秋来《き》ぬと目にはさやか*に見えねども風の音にぞお*どろかれぬる　藤原敏行《ふじわらのとしゆき》

② 遠足の小学生徒うちょうてんに大手ふりふり往来《おうらい》とほ（お）る　木下利玄《きのしたりげん》

③ *くれなゐ（い）の*二尺《にしゃく》のびたるばらの芽の針《はり》やは（わ）らかに春雨の降《ふ》る　正岡子規《まさおかしき》

④ 「この味がいいね」と君が言ったから七月六日はサラダ記念日《きねんび》　俵《たわら》万智《まち》

＊来ぬ＝来た。　＊さやかに＝はっきりと。
＊おどろかれぬる＝はっと気づかされる。
＊くれなゐ＝真っ赤な。　＊二尺＝約六十センチ。

(1) 次の文の㋐～㋒に漢字を一字ずつ入れ、短歌の説《せつ》明《めい》を完成《かんせい》させなさい。

↓答えは77ページ

短歌は五七五㋐七の五句《く》三十一音からなる短い詩で、最初《さいしょ》の五七五を㋑の句、あとの㋐七を㋒の句という。

㋐ □　㋑ □　㋒ □

(2) 次の言葉は、どの短歌にふさわしいですか。短歌の番号で答えなさい。

ア うれしくて元気な様子（　）
イ 仲《なか》のよい二人（　）
ウ 静《しず》かに降る雨（　）
エ 季節《きせつ》の移《うつ》り変《か》わり（　）

ヒント それぞれどんな情景《じょうけい》がよまれているか、よく考えてみよう。

2 次の俳句《はいく》を読んで、あとの問いに答えなさい。

①五月雨《さみだれ》を集めてはやし最上川《もがみがわ》　松尾芭蕉《まつおばしょう》

②柿《かき》くへ(え)ば鐘《かね》が鳴るなり法隆寺《ほうりゅうじ》　正岡子規《まさおかしき》

③すずめの子そこのけそこのけお馬が通る　小林一茶《こばやしいっさ》

④こがらしや海に夕日を吹《ふ》き落とす　夏目漱石《なつめそうせき》

⑤富士《ふじ》ひとつうづ(ず)み残して若葉《わかば》かな　与謝蕪村《よさぶそん》

⑥梅一輪《うめいちりん》一輪ほどのあたたかさ　服部嵐雪《はっとりらんせつ》

＊五月雨＝旧暦《きゅうれき》五月ごろの長雨。今でいう梅雨《つゆ》。
＊うづみ残して＝うめ残して。

(1) 次の文の㋐・㋑に漢字を一字ずつ入れ、俳句の説明を完成させなさい。

俳句は五㋐㋑の三句十七音からなる短い詩である。

㋐［　］　㋑［　］

(2) 俳句では季節を表す言葉（季語《きご》）を入れるのが原則《げんそく》となっています。②・④・⑥の季語と季節を答えなさい。

②季語（　　　）季節（　　）
④季語（　　　）季節（　　）
⑥季語（　　　）季節（　　）

(3) 次の文は、どの俳句の説明ですか、俳句の番号で答えなさい。

ア 生き物へのやさしさ（　　）
イ すさまじい風（　　）
ウ 日に日にあたたかくなる気候《きこう》（　　）
エ とうとうと流れる急流（　　）

⬇答えは77ページ

月　日

時間 20分【はやい15分・おそい25分】

合格 80点

得点　点

1 次の詩を読んで、あとの問いに答えなさい。

白くま

原田直友《はらだなおとも》

動物園の白くまは
暑いので大きいからだをもてあまし
首をふりふり
岩の上をいったり来たりしています
と　見物衆《けんぶつしゅう》の中から
せんべいが一まい
池の中に投げこまれました
白くまはそれを見ると
①ざんぶと水に飛《と》び込《こ》みきように泳いで
さもおいしそうにそれを食べました

(1) ──①「ざんぶと水に飛び込み」とありますが、どのような気持ちで「飛び込み」ましたか。次から選《えら》び、記号で答えなさい。(20点)

ア よろこび勇《いさ》んで　イ 悲しさをおさえて
ウ 暑さをこらえて　エ つらい思いで

(　　)

(2) ──②「白くまは　よいしょと上がってきました」とありますが、ここからどんな様子が考えられますか。「ている様子。」に続《つづ》くように、詩の中から十二字でぬき出しなさい。(20点)

□□□□□□□□□□□□ている様子。

(3) ③ に入る言葉を、詩の中からぬき出しなさい。(20点)

□□

②白くまは　よいしょと上がってきました
そのとき――
また　せんべいが一まい
［③］へ　ポイと投げられたのです
白くまは④顔を上げてこっちを見ました
その目は［⑤］でした

(4) ――④「顔を上げてこっちを見ました」とありますが、「こっち」を指す言葉を、詩の中からぬき出しなさい。（20点）

（　　　　）

(5) ［⑤］に入る言葉を次から選び、記号で答えなさい。（20点）

ア　うれしそう
イ　楽しそう
ウ　苦しそう
エ　悲しそう

（　　　　）

月　日

時間 30分 〔はやい25分・おそい35分〕
合格 80点
得点　　点

↓答えは77ページ

1 次の文章を読んで、あとの問いに答えなさい。

〔孤児院《こじいん》でくらす「ぼく」と弟は、夏休みの間だけでも、（できればずっと、）祖母《ばっちゃ》の家に置《お》いてほしいと願って二人で訪《たず》ねてきました。〕

「……ごちそうさま」

弟がおひつ*を横目でにらみながら小声で箸《はし》を置いた。

「もうおしまい？　お腹《なか》がいっぱいになったの」

弟はだまったままである。ぼくは時間のたが*が外れたので面くらったが、弟は①孤児院のたがを外せないで困《こま》っているようだった。ぼくは弟に［②］をしめすつもりで大声で、［③］と言い、茶わんを祖母《そぼ》に差《さ》し出した。弟は一度置いた箸をまた取って、小声で、ぼくもと言った。孤児院の飯《めし》は*盛切《もりき》りだった。弟はその*流儀《りゅうぎ》が祖母のところでも行われていると考えて一膳《ぜん》だけで箸を置いたのにちがいなかった。食事の後にすいかが出た。そのときも弟は孤児院流を

(1) ——①「孤児院のたがを外せない」とありますが、それがわかるところを文中から二点さがし、①十字と②三十九字（はじめと終わりの五字）でぬき出して答えなさい。（15点×2—30点）

①
②　　　　～

(2) ［②］・［③］に入る言葉を次からそれぞれ選《えら》び、記号で答えなさい。（10点×2—20点）

ア 答え　イ 手本　ウ 気持
エ ありがとう　オ おかわり
カ ごちそうさま

②（　　）　③（　　）

(3) ——④「祖母が悲しそうな声で言った」とありますが、

使った。どの一切れが最《もっと》も容積《ようせき》のある一切れか、一《いっ》瞬《しゅん》のうちに見くらべ判断《はんだん》しそれを手でつかむのがあ、そこでの流儀なのだ。

弟のすばやい手の動きを見ていた④祖母が悲しそうな声で言った。

「ばっちゃんのところは薬屋さんなんだよ。腹痛《はらいた》の薬は山ほどある。だからお腹《なか》の痛くなるほどたべてごらん」

弟はその通りにした。そしてお腹が痛くなって仏間のとなりの座敷《ざしき》に横になった。祖母は弟に＊蚊帳《かや》をかぶせ、つり手を四隅《よすみ》のかぎにかけていった。ぼくは蚊帳をひろげるのを手伝《てつだ》った。蚊帳の、＊ナフタリンと線香《せんこう》と＊蚊やりのまじったような匂《にお》いをかいだとき、ぼくは不意《ふい》に、ああ、これは孤児院にない匂いだ、これが家庭の匂いだったのだな、と思った。思ったときから、夕方以来《いらい》のみょうにいらついていた気分が消え失《う》せて、⑤どこか知らないがおさまるべきところへ気持《きもち》が無事《ぶじ》におさまったという感じがした。

（井上《いのうえ》ひさし「あくる朝の蝉《せみ》」）

＊おひつ＝飯を入れておく容器《ようき》。　＊たが＝自由をうばうもの。　＊盛切り＝おかわりがないこと。　＊流儀＝やり方。　＊蚊帳＝蚊を防《ふせ》ぐおおい。　＊ナフタリン＝防虫剤《ぼうちゅうざい》。　＊蚊やり＝蚊取り線香のようなもの。

なぜ「悲しそうな声」になったのですか。次から選び、記号で答えなさい。（10点）

ア　ひどくぎょうぎの悪い子だと思ったから。
イ　落ち着きのないしぐさが気に入らなかったから。
ウ　これまでの生活がつらいものだとわかったから。
エ　兄への思いやりがないことを残念《ざんねん》に思ったから。

（　　）

(4) ――⑤「どこか知らないが……という感じがした」とありますが、このときの「ぼく」の気持ちをあとから選び、記号で答えなさい。（10点）

ア　きらいな孤児院の匂いが消えてほっとした。
イ　弟に対するいかりがおさまってよかった。
ウ　落ち着ける場所にたどり着けてよかった。
エ　これからはご飯を十分食べられると思って安心した。

（　　）

2 次の文章を読んで、あとの問いに答えなさい。

「他に行くあてがないとわかれば、①あそこはいいところなんだ」

蚊帳《かや》にはりついていた蛍《ほたる》はいつの間にか見えなくなっていた。つい今し方の②おじの荒《あら》い足音に驚《おどろ》いてにげだしたのだろうとぼくは思った。

ぼくはそれから朝方まで天井《てんじょう》をながめてすごした。これからは祖母《そぼ》がきっと一番つらいだろう。「じつはそろそろ帰ってもらわなくちゃ……」といういやな言葉をいつ口に出したらいいかとそればかり考えていなくてはならないからだ。店の大時計が五時を打つのをしおに起き上がって、ぼくは祖母あてに書き置《お》きを記した。③ごく簡単《かんたん》な文面だった。

「大事なことを忘《わす》れていました。今夜、ぼくら（中略《ちゅうりゃく》）ハーモニカバンドは米軍《べいぐん》キャンプで慰問演奏《いもんえんそう》をしなくてはならないのです。そのために急《いそ》いで出発することになりました。ばっちゃ、お元気で」書き置きを机《つくえ》の上にのせてから、ぼくは弟を揺《ゆ》り起こした。

「これから孤児院《こじいん》に帰るんだ」

（井上《いのうえ》ひさし「あくる朝の蝉《せみ》」）

(1) ――①「あそこはいいところなんだ」とありますが、「あそこ」とはどこですか。文中からぬき出して答えなさい。（10点）

（　　　）

(2) ――②「おじの荒い足音」とありますが、この前に起きた出来事として考えられるものを次から選《えら》び、記号で答えなさい。（10点）

ア　おじが二人を孤児院に行かせるなと祖母にどなった。
イ　おじが二人のめんどうはみたくないと祖母に言った。
ウ　おじが二人が孤児院に帰る時間だと祖母に言った。
エ　おじが二人にこれからのことを考えるように言った。

（　　　）

(3) ――③「ごく簡単な文面だった」とありますが、なぜ「簡単」だったのですか。次から選び、記号で答えなさい。（10点）

ア　書き置きする紙が小さかったから。
イ　書くための時間があまりなかったから。
ウ　自分の気持ちを伝《つた》えたくなかったから。
エ　むずかしい言葉を知らなかったから。

（　　　）

答え

●1日 2・3ページ

1 (1)①会場 ②開場
(2)③エ ④カ ⑤ウ ⑥オ ⑦キ ⑧イ ⑨ア
(3)①1―ア 2―ウ
3―イ
②1―イ 2―エ
3―ウ

考え方

1 (1)それぞれの意味は、①会の行われる場所。②会場を開いて人を入れること。
(2)③「漢字の左の部分は、『道』を表す『ぎょうにんべん』」がヒント。④合同・集合・連合のように熟語《じゅくご》を作って考えます。⑤「出会う」です。⑥「ひっくりかえる」、⑦「学校からかえる」、⑧「はさみで紙をきる」、⑨「正月に着物をきる」から、それぞれ考えます。
(3)三つのまとまりは、本文にしめされているように、1―はじめ、2―中《なか》11行目「次の文では～」、3―終わり22行目「同じ読み方でも～」で分かれます。①1は、「かいじょうはあちらです。まもなくかいじょうです」からア「同じかな(＝音読み)で～」です。2は「形がにているためにまちがえやすい漢字」から。3は「同じ読み方でも意味はちがう、という漢字」から。②1「かなだけで書かれていると、どういう意味かすぐにはわからない……。～漢字を使って書くと、意味がはっきりしてきます」は、イ「漢字は……一字一字に意味があるので、同じ音の言葉でも、はっきり区別できるのです」が合います。2「『持って』は『待って』……この二つの漢字は、にています」からアかエですが、ア「左の部分がちがえば読み方も必ずちがう」が×です。たとえば、「注」「柱」など、左の部分がちがっても読み方が同じ字があります。3は、まとまりの結びであると同時に、この文章全体のまとめでもあります。したがって、文章全体に関《かか》わるウ「漢字を使うときは～」です。

●2日 4・5ページ

1 (1)イ
(2)大好きなひとと別れる駅のシーン
(3)駅のホール
(4)ほかに遊べる所がいっぱいあること
(5)ここが、どこよりすてきな遊び場だとわかるまで。
(6)駅

考え方

1 (1)直後の「終わって、……行き止まりの駅」がヒントになります。
(2)――②をふくむ一文に「そのシーンを……」とあります。この指示語が指しているのがどんなシーンか、前をさがします。
(3)「そのお話が読みたくて『ここ』にいる」の「ここ」とは、③の少し前にあります。
(4)「それ(＝お話が読みたくてここにいる)だけじゃない」のすぐあとに出てきます。
(5)遊べる場所を知るまでの「あたし」はたいくつだったのです。
(6)「ここには実際、遊べる所がいっぱいある」から⑥までの「ここ」は、すべて同じものを指しています。

●3日 6・7ページ

1 (1)カブトムシ～ンをわたす
(2)あまずっぱくてアルコール分も多少含んだ
(3)ボクトウガやその他の虫の幼虫
(4)ボクトウガ～樹液を出す
(5)ウ

考え方

1 (1)「不当」とは正しくないこと、という意味です。ぼくとがき大将の「取引」の内容がくわしく書かれているところを、前からさがします。

(2)直後の「樹液はクヌギやコナラの木があれば必ず出てくるものではない」を手がかりに、前にさかのぼってさがします。

(3)この「つまり〜」以下《いか》は前の文の言いかえです。前の文に出てくる虫のことを樹液を出させるために必要な存在として言いかえているのです。

(4)直前の段落《だんらく》全体を指しています。そこから、(3)で考えたように、「つまり〜」の言いかえはのぞき、「それら(=クヌギやコナラ)の木に、〜虫の幼虫が食い入り、材部を食いあらすと、木がそれに対抗して樹液を出す」が答えになります。

(5)「しかるべき」とは、それにふさわしい、の意味。「ありか」とは、物(=この問いでは「樹液」)がかくされているところです。ア「すみか」、イ「くさっているところ」、エ「すまい」はいずれも×です。

チェックポイント 指示語の指すもの

①その直前から順《じゅん》にさかのぼってさがします。

②それを見つけるヒントは、指示語のうしろ(多くは直後)にあります。

③さがしたものを、指示語にあてはめて意味が通るかをたしかめます。

④指示語の内容に指示語をふくむ場合は、そのままでは答えになりません。その内容を、さらに明らかにすることが必要《ひつよう》です。

● 4日 8・9ページ

1
(1)エ
(2)②オ ⑤エ ⑦ウ
(3)(例)蛍光灯に集まるカブトムシを(待って)つかまえるという方法。
(4)いとこは一
(5)ウ

考え方

1 (1)③の「狩りを決行」には、①とちがって、ア「強い気持ち」、ウ「決心」、エ「決意」という心情《しんじょう》が読み取れます。その上で、ア「おじさんとおばさんの顔を立てる」のではなく「おじさんとおばさんにたいし(自分)の顔を立てる」で、ウ「地域の実力を見せたい」が、いずれも×です。

(2)②前後の関係《かんけい》をおさえます。「わたしは〈東京から来た子〉で……[②]……プレゼントしなければ……東京のおじさんとおばさんにたいし、顔が立たない」。前が理由で、後ろが結果《けっか》の関係です。⑤「のんびりした方法」をとらなかったいとこの気持ちをおしはかって、順《じゅん》にしめしています。⑦「もちろん街灯はあった。[⑦](逆接)、それは……弱い」という形になっています。

(3)四段落から、その方法がえがかれており、最《さい》後《ご》に「ひたすら待つ」とあります。

(4)いとこが実力者のようにふるまっているところです。

(5)前の「新式の電灯」を、⑧のあとで言いかえています。

チェックポイント 注意すべき接続語

次は、接続語でよく見かける形です。

・[たしかに](A)〜だ。[しかし](B逆接)…である。

＊A=「もちろん」など、B=「だが」などが入ります。

・〜(A理由)。[したがって](B結果)…である。

＊A=前に「理由」がきて、B=あとに理由の「だから」「ゆえに」など、が入ります。

● 5日 10・11ページ

1
(1)(例)「動物」とはいったいなにかという問題。
(2)②オ ③ア ④イ ⑥ウ
(3)動く生物
(4)ものを知りたがるようになるため
(5)⑦遊び(二字) ⑧好奇心(三字)

(6)(例)また

考え方

1 (1)「これ」が指すものを前からさがします。文中の『動物』とはいったいなんでしょう?」が指されている内容です。それを「という問題。」にうまく続くように直します。指示語にあてはめて意味が通るか、かくにんすることが大切です。

(2)②前の内容《ないよう》をあとで言いかえてまとめています。③「たしかに、Aだ。しかし、Bである。」という、きまった形です。④それまでに出した結論「『移動運動』ができるのが、動物の重要な特徴」に対して、それでは「動物たちは、なぜ移動運動をするの」か、と方向を変《か》えて新たな問いをしめしています。⑥「これらのもの（＝五つの基本）は……ぜったい必要」ですが、[⑥]「知能の高い動物になると〜」と新たな理由が追加《ついか》されます。

(3)「最初の段落の問いかけ」とは、「『動物』とはいったいなんでしょう?」」です。三段落に「動物とは『動く生物』だといえます」とあります。

(4)「基本的な理由」以外で移動をする例として、ネコの子どもやニホンザルのことが書かれています。

(5)直後で、その行動の理由を説明しています。字数が大きなヒントです。

(6)ことがらをならべる言葉が入りますが、これも字数がヒントになります。

チェックポイント　重要な接続語の文型《ぶんけい》

・たしかに、Aだ。しかし（逆接《ぎゃくせつ》）、Bである。

＊Aをみとめてはいるのですが、筆者がほんとうに言いたいことはBにあります。「しかし」以外に「だが」「けれども」など。

・Aである。つまり（要約《ようやく》・言いかえ）、Bだ。

＊筆者がほんとうに言いたいことはBにあり結論がくることがよくあります。「つまり」以外に「ようするに」「すなわち」など。

● 6日 12・13ページ

1 (1)末席

(2)自分のいなかの家にある部屋。

(3)③オ　④ア　⑤ウ

(4)ウ

(5)イ

(6)人間はめしを食べなければ死ぬから、そのために働くという言葉が信じられず、自分には難解でかいじゅうで、そうして脅迫めいたひびきに聞こえ、今になってもまったく理解できない。

考え方

1 (1)すわる場所を表しているので、同じように表している「うす暗い部屋の〜」からわかります。

(2)「どこにある」に注目すると、「その」が指すものです。指示語の原則《げんそく》にしたがって、前にさかのぼってさがします。

(3)④前後から意味を考えます。家族でもくもくとごはんを食べている様子を表しています。

(4)「その」が指すものですから、前にある「〜という言葉」が迷信です。

(5)それまでのべてきたことを、ここでまとめています。

(6)世間の人たちがあたり前のようにしている、人間のいとなみ（＝生きるためのつとめ）がまったく理解できない。つまり、自分には世間なみの生活力が決定的に欠《か》けていると打ち明けているのです。答えのポイントは二つ。1何のために働くのか、2その言葉が自分にはどう聞こえるのか、それを直前の段落《だんらく》から問いの文に合わせてぬき出します。

● 7日 14・15ページ

1 (1)いってらっしゃいよ

(2)おじいちゃ〜変わってる

(3)(例)連休におじいちゃんの家にいくこと。

(4)④エ　⑥ウ

(5)あの子がい〜びりしよう

(6)きんちょう

考え方

1 (1)ママがしゃべっているのは一か所だけで、そこからさがします。

(2)おじいちゃんやおばさんのことを思い出し、行くことがいよいよ心配になってきたのです。

(3)直前に「ほんとうにいくことになったら」とあり、場面が変わって、「きょうから……おじいちゃんの家の正面に立っている」。

(4)④直後の「あがった気温」、⑥「いつまでも□しながら」がそれぞれヒントです。

(5)パパとママの「密談」の内容《ないよう》を答えます。

(6)「大きく息をすい」には「不安」という気持ちもあるでしょうが、二字でダメです。同じ場面からは心情を表す言葉は一つだけ。

● 8日 16・17ページ

1 (1)電話番号をしらべて、アリサに「シノちゃん、気にしてるみたい。」という電話をしただけ。

(2)つくづく小心者(七字)

(3)ア

(4)アリサと仲直りできたから。

(5)ウ→イ→ア→エ

考え方

1 (1)問題文に「という」とあるので、電話の具体的な内容を引用して答えます。

(2)「頭にきた。でも、そのうちだんだん気になって……心配になって」だから、おこったわりには気が小さいのです。「つくづく(=身にしみて感じる)」も入れて答えます。

(3)「声が、やわらかかった」からプラスの気持ちが考えられます。ただし、ウ「はげましの電話」を受けたわけではなく、エ「得意になっている」わけでもありません。

(4)「テンションあがりっぱなし」から、シノがうれしさで興奮《こうふん》していることがわかります。その理由は、文章の最初《さいしょ》に書かれています。

(5)時間の流れをきちんとおさえます。以下《いか》が、それぞれ本文のか所です。ア「(きょうの電話)『アリサと仲直りできた。』うれしそーな声でいった」、イ「(きのう)クラスの連絡網でアリサんちの……電話したの」「会話もなにも成立しなくて」、ウ「きのうのシノちゃんはしんけんになやんでたけど、ホントは、ふたりには仲裁なんて」、エ「あしたの土曜~」「町内会の盆おどり大会があるからさー」。ウのことをたのまれたので、イの電話をすることになったのです。

● 9日 18・19ページ

1 (1)夜店のライ~していた。

(2)心と、口やからだが連動している。

(3)子どもらしくない美月

(4)イ・ウ

(5)ア

考え方

1 (1)——①よりあとで、「お祭りの屋台」を「夜店」と言いかえているところがあります。

(2)この文章は、「美月」と「はるひ」を対照《たいしょう》させてえがいています。どことどこが対照されているのか、よくみきわめましょう。「ためらう」とは、なかなか決心がつかないことを意味します。また、「連動している」は、「直接つながっている」の言いかえです。

(3)「そんな」は、「小さいころから」以後《いご》それまでの美月についての説明《せつめい》全体を指しています。そこから、直後の「美月とちがって『子どもらしい、子ども』」を手がかりに、「美月」に続《つづ》く八字の言葉をさがします。

(4)あとに「美月の声は、どことなくけわしかった」とあり、「けわしかった」と心情が表れています。あげられている中で、マイナスの感情は、どれもあてはまります。

(5)「おまたせ、はるひ……」から文章の最初、キッチンの「仲間たちがかこ」むなごやかな場面にもどります。そこに「小さなあながあいた」ことを、わかりやすく言いかえます。「あな」は、なごやかなふんいきをこわすものです。

チェックポイント　大切な人物の動作・せりふ

登場人物の心情は、もちろん直接《ちょくせつ》のべられていることもあります。しかし、それ以《い》上《じょう》に人物の動作・せりふによって心情がしめされる場合が多く、そこに注目することが大切です。たとえば、「あたしの部屋、いこっ」といきなり美月は言います。ここから「なごやかな空気」の中に投げこまれた美月の心情が読み取れます。

● 10日　20・21ページ

1　(1)①イ　②ウ　④オ

(2)寒気がした

(3)ぼくより大きい体や太い声のせいで正直、秋本がこわかったが、やさしい声に少し落ちついた。

(4)秋本＝オ　ぼく＝エ

考え方

1　(1)①直後の「関西弁でたずねてみた。『じょうだんだろ』より『①』のほうが……」。②直前の「なのに、相手は……首を横にふった」。直後は「しんけんな顔で言う」。④少し前の「なみだがでそうになった。……ぼくの顔をのぞきこみ」。このように、前後にそれぞれつながる言葉があり、ヒントになっています。

(2)おかん（悪寒）＝ぞくぞくする寒気です。

(3)「それまでは～」と、前後の気持ちの変化《へんか》を説明しています。

(4)文章の終わりの会話文に、それぞれの思っていることがあらわれています。

チェックポイント　空らんの問題

空らんに答える問題では、空らんの前後にかならずヒントになる言葉があります。入る言葉とつながる言葉が前後にないかを、まずさがすことが大切です。

● 11日　22・23ページ

1　(1)確実な食べ物がある世界にすむボノボには、争う理由が少ないから。

(2)攻撃性・攻撃的

(3)わたしたち人間は、ボノボよりチンパンジーに近く攻撃的な世界を背負って、心を進化させてきたのかもしれない。

(4)ウ

考え方

1　(1)第一段落《だんらく》で問題をしめし、第五段落で「ボノボの進化……なぜでしょうか」と問いを立て、その理由を第六段落でのべています。第六段落の最後《さいご》の一文を字数に合わせて答えます。

(2)「ひたすら攻撃性を取りのぞくように品種改良」してなったのが②です。それと同様の言葉が最後の段落にあります。

(3)「ボノボの進化」を受けて、第七段落に「わたしたち人間はどうでしょう」とこの文章のまとめがあります。その最後の二文「その行動は」を、「わたしたち人間は」にかえて一文にしたのが問いの文です。

(4)アは第六段落、イは第二段落、エは第四・五段落にあります。ウ「イヌは、進化するなかでギンギツネのようになった」は、イヌとギンギツネがぎゃくです。注意深い読みが求《もと》められています。

チェックポイント　文章構成《ぶんしょうこうせい》が答えのきめて

第一段落で問題をしめし、第二～第四段落の具体例《れい》、第五・六段落の問いと答え、最後の第七段落のまとめ・結論《けつろん》という文章構成をおさえて問いを考えれば、解《と》きやすくなるはずです。

● 12日　24・25ページ

①　(1)父は戦後けいざいの立て直しのためにいそがしくかけずり回って不在がちで、いてもステテコ姿でほとんど何もしないのでわたしたちは気が付かなかったから。

(2)ア

(3)二間の東側の、六畳の部屋の南はがらりと開くはき出しのガラス戸で、外にほんのお印ほどのぬれえんがあり、そこから庭に出られる。
(4)(例)母が金づちでくぎを打つ音。
(5)(例)母が父に代わって家や家族を守ろうとしているように思えたから。

考え方

❶ (1)直後の二文に、「～と想像される。」「～かもしれぬ。」と二点理由を説明しています。
(2)最初《さいしょ》に「台風が来る」とあります。
(3)この段落《だんらく》の最後《さいご》に「～庭におりられるようになっていた」とあり、その前の文からさがします。
(4)「金づちで」をわすれないように。
(5)「たのもしげ」とはたよりになる様子です。父が不在がちで、家にいても何もしないためにたよりにならず、おおがらな母がその代わりをしているように思えたのです。

チェックポイント　注意すべき問い方

問いの中に答え方がしめされている場合は、そうしなければ減点《げんてん》されます。
(問)～とはどういうことですか。
→(答えの文末《ぶんまつ》は)～ということ。
＊「こと」にはいろんな言葉(問(4)は「音」)が入ります。
(問)なぜ～か。理由を答えなさい。
→(答えの文末は)～から。～ので。

● 13日 26・27ページ

1 (1)息せききっ
(2)目もくれない
(3)①イ　②オ
(4)(このてんじ)ローマのパ～るみたいだ
(5)1灰色のかたまり→2灰色のレインコート→3あのひと→4支店長→5ここの住人→6(いい)おっさん→7おじさん

考え方

1 (1)「入る直後の段落」とありますから、どこかの段落の前だとわかります。それをまずおさえ、一文の「まっすぐ前を見てせかせかと歩いていくひとびとの中で、ぽつんと上を見ているおじさん」は、文章中の「いそがしい駅で、ゆったりドームを見上げているひと」にそれぞれ対応《たいおう》しています。つまり、そんな「ひとなんて、ほかにいるはずもない」から「おじさんは、まるでおかの上のキリストみたい」と続《つづ》くのです。
(2)「見ようとさえしない」のですから、目に関《かん》係《けい》することです。
(3)①直後の「高い音」という表現から考えます。
②直前の「どうだ……。いつ見てもいいだろう。」からプラスの気持ちの表れている「(われをわすれたような)目で……見上げ」るものを選びます。
(4)おじさんの言ったことに、「ほんと」と答えています。ただし、おじさんの言葉すべてではないことに注意します。
(5)二か所にある「右目のはじっこにうつ」り「近づいてくる」に注意します。「(浮浪者っていってる)やつ」とぬき出された文の「(おかの上の)キリスト」は、( )の数もありふくみません。

チェックポイント　ぬき出された文

ぬき出された一文には、必ず入る前後の文につながる言葉があるものです。それを手がかりに、どのあたりに入るかおおよその見当をつけます。見つかったところに、あてはめて意味が通るか、かくにんします。

● 14日 28・29ページ

1 (1)①エ　②ア
(2)ヒトは胴体をまっすぐ垂直に立てて歩くが、トリの多くは胴体を前方へたおして水平にして歩く。
(3)腰のまがったお年寄りのような歩き姿
(4)ア・イ・エ

考え方

1 (1)①前後で「ヒト……は二本あしで歩くものとされてき」たが、[①]それは「ヒトだけでしょうか?」と話題の方向を変えています。
②「歩きます」「前進します」が、[②](=

逆接《ぎゃくせつ》）「～姿勢が、だいぶんちがいます」と続《つづ》きます。

(2)直後の5段落に「トリが歩く姿」、7段落に「ヒトが歩くとき」がくわしくのべられています。その中で、「トリとヒト」の対照的《たいしょうてき》な部分をぬき出します。

(3)5段落でまねした様子をくわしく説明したあと、6段落で「まるで……歩き姿」とたとえています。

(4)ウ「ヒト」の場合ではなく、「トリが歩く姿を(ヒトが)まねして」調べているのです。オ「トリのなかにも、胴体を垂直に立てているものがいます」と7の例外をしめしていますが、「考え方を変えようとしている」とまではいえません。

チェックポイント　基本的な段落構成

次の二つが、最《もっと》もよくみられる段落構成です。

〈三段構成〉
序論《じょろん》（問題をしめす）
本論（説明や考えをのべる）
結論（まとめをのべる）

〈四段構成〉
起《き》（問題をしめす）
承《しょう》（意見や具体例をのべる）
転《てん》（話題を変える）
結（結論をのべる）

●15日　30・31ページ

1 (1)(例)ぼくが飼いたいと思った大きな動物

(2)ぼくが飼えたのは、カブトムシの幼虫と金魚とミドリガメだけだった。

(3)大きな犬(セントバーナード)

(4)十歳

(5)ウ

(6)ウ

考え方

1 (1)あとの文章に、「ぼくは本気……飼いたい」とあり、初めと変わらず「大きな動物を飼いた」がっていることがわかります。

(2)すぐあとの「十分『おっきく』なった。あれから……そのあいだにぼくが飼えたのは～」に着目します。

(3)まず、問(1)をヒントにします。「いちばん初め」からあとの「ねえ、ママおねがいだから～」まで、「十歳になった今……あいかわらず～思っている」、この文章の主題です。他にも動物名が出ていますが、この文章からは話題になったとはかくにんできません。

(4)「いちばん初めは」「三歳のときだった」「あれから七年たったけれど」から今は、何歳ですか。

(5)「いちばん感動したのは、……ごろんとねころんでいる写真」とあり、心をひかれうらやましく思っていることがわかります。

(6)「うんざり」とは、同じことのくり返しにあきあきしていやになる様子を表します。ママに何度も同じおねがいをしていたことがわかります。

●16日　32・33ページ

1 (1)A④　B①

(2)やわらかく

(3)(例)わらじやぞうりが*よく使われるようになるまで。(十七字)　*「広く利用される」でもよい。

(4)イ

考え方

1 (1)この文章は、「わらのすぐれた点」を二つに分けて説明しています。①は、「しめなわ」「雪づり」「もっこ」「わらじやぞうり」すべてが「わらをよって作った物(=なわ)」の例《れい》です。B「むしろも、なわにわらをあみこんで作った物」からわかります。④の「すぐれた点」である「熱をにがしにくいせいしつ」が、A「いずみ・えじこ……中はとてもあたたかかった」にあたります。

(2)「なわは、②、引っぱるとのびるので、木をいためない」と「わらのすぐれた点」(五字の言葉)が入ります。「やわらか」いから「引っぱるとのびる」のです。

(3)続く部分に、「多くの人々は、はだしだった」

とあることから、はきものが使われるようになる前を指しているとわかります。
(4)それまでの段落を受けて、「わらのすぐれた点を生かして……くらしをゆたかにしてきました」とあり、筆者はわらが生活に役立てられてきた点を高く評価《ひょうか》しています。ただしウは、同じ段落でのべられていることのくり返しになるのであやまりです。

●17日 34・35ページ

1 (1)イ
(2)男の子の間に伝わってきた伝統(十四字)
(3)(例)とったイタドリは集めて家族ごとに分けあうために、どれがサチのとったものかわからないから。(二十字)
(4)小さい子のとるイタドリの量は少ないが、どの家も必要な量は同じだから、大きい子と分けあうのだということ。
(5)「いいか、

考え方

1 (1)この段落《だんらく》の最後《さいご》二文に、「ほかの女の子は……まぜてもらえ」ず、「サチは、どこか男まさりのような……それが認められた」とあります。「男まさり」は、女の子が男より男らしい、という意味です。
(2)「約束ごと」は、この文章では「伝統みたいなもの」と同じ意味で使われています。それが「男の子の間に伝わってきた」のです。
(3)「約束ごと」のためです。「約束ごと」の直後二文で説明されていますから、答えに合うほうを選び、「それぞれが」「いっぺん」などをのぞいて字数内におさめます。
(4)直前の指示語「そうやって〜」がポイントです。「伝統」、つまり大きい子も小さい子と「分けあう」という「約束ごと」を守って「やって」きたということを指しています。
(5)「そう声をかけた」が、前にくる「よーっし。弁当をこのへんにおいて」という兄やんの言葉を指しています。

●18日 36・37ページ

1 (1)①ウ　②イ　(2)五年四組で
(3)(反対の意味)安心　(同じ意味)心配
(4)いつ指名してもらえるかという心配。
(5)・(例)班長のメンバー(七字)に変化がない。
・(例)ほしがられて、とられる人とさいごに残る人(二十字)がいつも同じで固定している。

考え方

1 (1)①直後の「いきなり陽子はいった。班がえ……やっぱり気にかけているんだ」、②五行あとの「いやだなあといいながら……」を手がかりに選びます。
(2)「陽子とわたしの会話」と「トリトリの説明」の場面に分かれます。
(3)「ヒヤヒヤ」は、「班がえ」を前にした不安な気持ちを表しています。
(4)「そんな」は心配の内容《ないよう》を指しています。(2)の「心配」と同じ意味を表す「ヒヤヒヤ」も手がかりになります。
(5)一つ目は「もう(班長の)メンバーはだいたいきまってしまった」から、二つ目は「みんなにほしがられて、早いうちにとられる人はきまっていて、いつも同じ人がさいごに残る」から答えを考えます。

●19日 38・39ページ

1 (1)見れば見るほど下手くそな絵だったので、いくら見ても本当のことに思えなかったから。
(2)ふたたび絵の中の空に星が出ることはなかったので、自分の見まちがいかと考えたが、石はちゃんと引き出しの中にあり、やっぱり、ほんとにあったことなんだと思えたから。
(3)さよならも言わずに、福島君と別れた
(4)④ウ　⑤イ
(5)(例)大人になったら天文学者になること。(十七字)

考え方

1 (1)絵から星のかけらが出てきたことを信《しん》じた

くて何度も見ています。しかし、下手くそな絵からは、何も得《え》られないのです。

(2)解答《かいとう》のポイントは(前の「それきり」以後《いご》の文にある)三つ。1「そう考え直して」が指している「やっぱり、ほんとにあったことなんだ」。2なぜ「ほんとにあったこと」と思えたのか、それは石が「引き出しの中にあった」からです。3そもそも、なぜ自分の見まちがいかと考えたのか、「二度と(=ふたたび)……星が出ることはなかった」からです。この三つを問いの文にしたがって逆順《ぎゃくじゅん》に答えます。

(3)登場人物の気持ちは、行動や会話(せりふなど)に深く関係《かんけい》します。少しあとに「一郎はすっかりはらをたてて、~」とあります。

(4)④「うんとはらのへったとき」の決まり文句《もんく》です。⑤目から「星(=火花)が出た」ときの音の感じです。

(5)文章の初《はじ》め(=冒頭《ぼうとう》)の会話にもどります。「大人になったら」「一郎はいつでも」「はっきりしてい」て「天文学者」になると「ちゃんと決めて」いるのです。

● 20日 40・41ページ

1 (1)オニババは床に倒れた

(2)②エ　④ウ　⑤イ　⑦ア

(3)罵詈雑言

(4)(例)店を守って商売をやっていくこと(十五字)

(5)心の奥深くの大事な柱

考え方

1 (1)直前の段落《だんらく》を指します。ただし、十字の表《ひょう》現《げん》は直後の段落の最初《さいしょ》「オニババは~まま」にあります。

(2)ア~エの「気持ちの変化」をおさえよう。エ「まだ折れてはいない」→ウ「(しかし)小さなひびが入る」→イ「(ついに)折れた」→ア「(折れた心をふたたびふるい立たせて)今度こそ捕まえてやる」。

(3)同じような表現は、直前の段落に「『この、クソガキどもが』……『こんちきしょう』……思いつくかぎりの罵詈雑言を並べ……泥棒どもにぶつけた」です。「罵詈雑言」を知らなくても、前後の言葉から「悪口・ののしる」などの意味がうかびます。

(4)「立ち上がることができない……両脚を床に投げ出すのがやっと」という体力の限界《げんかい》、折れてしまった心。「もう(店も商売も)どうでもいいよ」と思ったのです。「店」と「商売」の二つにふれて答えます。

(5)自分が長年やってきた商売に、ほこりと自負《じふ》(=自分がしている仕事などに自信をもつこと)があったのです。それが「心の奥」に「大事な柱」としてあったのです。

● 21日 42・43ページ

1 (1)生きとる鶴の羽根を千枚ぬいて織り上げた織物

(2)②ウ　③イ　④エ

(3)一つも言葉が通じんから。(九字)

(4)間にはいってえらいとこもうけをしとる(十八字)

(5)つうはひょっとして鳥(鶴)かもしれないといぶかしげに思う気持ち。

考え方

1 (1)あとで「惣ど」が「それはな~」と説明《せつめい》しています。

(2)イ「そうかね」は「それがほんなもんの千羽織なら、とても五十両や百両の騒ぎではねえだぞ」を指し、「どだい何だね? 鶴の千羽織っちゅうは」は「それはな、生きとる鶴の羽根を……」につながります。ウ「町の人がそういうだ」は、「鶴の千羽織——ちゅうただな?」を指します。エ「(思わず上がりこんで隣室をのぞく)……やっ」(何かを見つける)が「何だ何だ」につながります。

(3)「つう」の様子は、最後《さいご》の「運ず」と「惣ど」のせりふからわかります。

(4)「……」は、(与ひょうどんと売り先との)「間にはいってもうけさせてもらっている」ということです。そのことは「惣ど」のせりふにあります。

(5)二人が言葉をうしなって、「……(無言)?」で顔を見合わせている場面です。そのわけは、すぐあとの二人のせりふが明らかにします。

チェックポイント　物語も論理的《ろんりてき》に

説明文では筋道《すじみち》を立てて(=論理的に)考えるのに、物語(脚本)になると、とたんに「カン」や「フィーリング」で答えようとする人がいます。しかし、物語でも答えの理由やよりどころは、本文の中の論理的な証拠《しょうこ》に求《もと》めます。それは「心情《しんじょう》・気持ち」といった一見論理的に思えないことでも、その「心情・気持ち」が生まれる原因《げんいん》・きっかけは理にかなうように(=合理的に)読み取ることができるということです。

●22日 44・45ページ

❶ (1)①エ　⑥イ
(2)占領した国の人たちがこわがらないように、とりわけ子どもたちにはやさしく気を配るという方針。
(3)アメリカがしばらく日本を占領していたころ。
(4)アメリカの～けていった
(5)はずかしい(五字)・みっともない(六字)

考え方

❶ (1)接続語は前後の関係《かんけい》が決め手です。①「男はみんな殺される。女はみんな……ひどい目にあう……。[①]実際……(そう)じゃなかった」、明らかに前後はぎゃくの関係です。⑥「チョコレートやチューインガムがほしい気持ちはほかの子とかわりがない。[⑥]友だちがもらったチョコレートをたべる」、前が理由《りゆう》で後ろが結果《けっか》です。
(2)指示語《しじご》「それ」は、直前の「実際のアメリカ兵はこわい人たちじゃなかった。とくに子どもたちにはやさしかったね」を指します。ただし、問いの文は、それを言いかえた「占領した国の人たちがこわがらないように気をつけていたんだと思うよ」を加《くわ》えています。
(3)「おじいちゃんが孫に子どものころの話」をしているのですから、最初《さいしょ》の「日本は戦争に負けた～」ころです。
(4)「それ」の指すものが答えです。「子どもたちは～」やったが、「ぼくは……やったことがない」のです。前を順《じゅん》にさかのぼって、字数をヒントにさがします。
(5)ここも同じく、指示語「そう」の指すものです。前の段落《だんらく》「ぼくはそれをやったことがない」の理由にあたる言葉です。「二つ」が大きなヒントです。

●23日 46・47ページ

1 (1)そして、その
(2)学問の対象
(3)蝶道
(4)(仮説)㋓・㋔
(5)ウ

考え方

1 (1)つながりのある言葉は、「こんな『なぜ』……くだらない『なぜ』……それを……不思議に思いはじめると不思議なのだ」の「こんな」が指すものと、「なぜ」を受ける言葉の二つです。「こんな」は、(少し前の)「子どものときからずっと疑問だった」ことを(直前の)「たいていの……どうしてだろう?」の「なぜ」です。また、「なぜ」は(あとにくる文)「そして、その『なぜ』は、調べていったというより～」の「その」が受けています。
(2)子どものころの疑問は、「ぼく」がチョウを研究するようになってどうなったかを考えます。
(3)「たいていのアゲハは～あたりを飛ぶ」は、「チョウ(は)～決まったところを飛ぶ」と対《たい》応《おう》します。
(4)「仮説」とは、研究を進めていくときに仮《かり》に立てておく説明です。この場合「もしかしたら～ではないか」という文型《ぶんけい》から、仮の案をしめしていることがわかります。
(5)アはまったくぎゃく。エ「主観」が×です。イは組み合わせも正しいですが、「具象的」

は美術《びじゅつ》など芸術作品《げいじゅつ》についての言葉です。また、最後《さいご》の段落に「具体的な疑問が始まりだった」とあり×です。

● 24日 48・49ページ

1 (1)昔は一年のはじめが春で、春になれば、動物も植物も生き物はみんな元気を取りもどし新しく活動を始め、その生き生きとした春をむかえられるから。
(2)②ウ　④カ
(3)③イ　⑤ア
(4)小さな丸いもちを家族の数だけ作って、これをかがみもちとともに神様にそなえ、後で一人一人がいただくこと。
(5)お年玉

考え方

1 (1)直後の段落《だんらく》で説明《せつめい》しています。解答《かいとう》のポイントは、春になると「生き物」はどうなるのかです。
(2)②「春のはじめ」がウ「立春」で、それから一月半ぐらいあとにア「春分」になります。
④「目じるし」になるもので、「門松(=門の前に立てる、かざりの松)」と書きます。
(3)③(1)の解説《かいせつ》がヒントです。前が理由で ③ のあとが結果《けっか》です。⑤正月さんから、「お年玉の話だ」と話題が変《か》わり(もどり)ます。
(4)「さて、お年玉の話だ。～」の段落で、「ほんとうのお年玉」が説明されています。解答のポイントは、1何をどれだけかがみもちとそなえるのか、2それをどうするのか、です。
(5)「正月の話」ですから、主題は三字の「お正月」ですが、その中でも「さて、お年玉の話だ。～」と主題が変わって、「だから、君にあげたあのもちは、まちがいなく、 ⑦ というわけさ」と最初にもどっています。

● 25日 50・51ページ

1 (1)ウ→ア→イ
(2)①物をつかん～とができる
②手の指は、人さし指など四本の指が、ならんでついていて、それぞれの指のほねのつなぎめのところは、よく曲がるようにできている。そして、親指は他の指と向き合えるように一本だけはなれているから。
(3)ウ

考え方

1 (1)この文章は、大きく三つのまとまりに分かれています。「はじめ」のまとまりは、「人間の手にあたる動物の前足」のはたらきのちがいです。さて、解答《かいとう》のポイントは、「動物の前足」が「わたしたち人間とさるのなかまだけが、(手で)物をつかむ……ことができ」るまでになる、という順にならべることです。したがって、ア「前足で食べ物をおさえることができ(るが)持つことはできません」、イ「持って食べることができ(るが)かた方だけでは持てません」の順になり、最初は「持って食べること」すらできない「後足といっしょに体をささえ」るだけのウになります。
(2)①(1)で考えたように、「わたしたち人間とさるのなかまだけが、物をつかむ手を持ってい(て、それ)だけでなく～」とあり、直後で「どうして～」とふたたびまとめています。
②なかほどに「手の指がこのようにしてできているので、わたしたちは……いろいろなことができる」(「～ので」と理由をしめす)とあり、「この」は直前の段落を指しています。そこからわかる、解答《かいとう》のポイントは三つ。1「人さし指と中指と薬指と小指」、2「ほねとほねとのつなぎめ」、3「親指」は、それぞれどうなっているか、です。
(3)ここは三つのまとまりの「終わり」の部分で、「道具」に話題が移《うつ》っています。「手だけでは、どうしてもできないこと」があったので、それができるように考え作り出したのが、ナイフやのこぎりなどの道具です。これは、人間のちえによってできたのです。

チェックポイント　理由説明の問い

「なぜ～か、説明しなさい。」という理由説明の問いは、文中の「～ので」「～から」

という表現に注意してさがします。「〜ので」「〜から」の前に理由があります。

●26日 52・53ページ

1 (1)たった三つの部品の組み合わせでできているから。

(2)②ア　③イ　④エ　⑤ウ

(3)ボールが動かなくなったり、文字がかすれたりする

(4)質

(5)ボールペンという道具の、単純な三つの構造には素材や部品の加工精度、組み立ての精度において、「フシギ」としか言いようのない「超」の字がつくほど精密な技術がふんだんにつまっている。

考え方

1 (1)直後の文で説明《せつめい》しています。「たった」にうまくつながる言葉をおさえます。

(2)「③が回転できるように」「回転するボールに誘導されて⑤が供給される」など、あとにつながる言葉から考えます。

(3)三・五段落にありますが、字数に合うところをぬき出します。

(4)同じ段落にインクのマイナス面にふれている部分があり、「インクの質やインク穴の大きさによっては」とあります。

(5)たった三つの部品の組み合わせである、シンプルな構造のボールペンには、「フシギ」としか言いようのない、「超」がつくほどの精密さがある、ということです。（　）には、具体的に「精密・精度」にふれた四段落から言葉を選びます。□には、直前の一文から「精密な□」にふさわしい言葉をぬき出します。

●27日 54・55ページ

1 (1)(第二連)雨はどうど

(第三連)ぼくは水泳

(2)あわてる人々

(3)空のおさらをひっくりかえしたようだ

(4)エ

(5)イ

考え方

1 (1)夕だちがきたときのみんなの様子、雨にぬれるぼく、みんなとちがうぼくの様子、の三連に分かれます。

(2)——①の様子を、「あわてる」と表現しています。

(3)「〜ようだ」を使った「たとえ」の表現です。

(4)頭から滝のように雨が流れているのに、ぼくはへいきと、ぎゃくのことが書かれています。

(5)多少イ「こっけい」に見えるかもしれませんが、ア「たのしい」姿《すがた》や「ゆかい」に見えるぐらいであって、言いすぎです。また、「切ない」は明らかにまちがいです。

チェックポイント　「連」について

「連」とは、ふつうの文章では段落《だんらく》にあたるもので、内容のまとまりによって分けられています。ふつう、連と連との間は一行の空きがあります。連ごとの内容、つながりをおさえることで、作者の思いを読み取ることができます。

●28日 56・57ページ

1 (1)①カ　②ア

(2)子どもの心

(3)④おうい雲よ　⑥おうい

(4)⑤青さ　⑦白さ

(5)三・二・イ

考え方

1 (1)①「雲」を擬人法《ぎじんほう》(=人間でないものを人間のように)で表現していますが、「子どもの心そのままに」から、カ「友だち」がふさわしいとわかります。②前後の「そのままに、なんの②、思わず口にでたことば」からわかります。

(2)「童」は、児童《じどう》・童話などから「子ども」を指すとわかります。

(3)どちらにも一行目の言葉が入りますが、「このはじめにおかれたことば」から、⑥は「お

うい」となります。
(4)⑤直後の「その青さ」とは、「空の青さ」です。⑦雲の色を「青さ」と同じ形で答えます。
(5)「雲」のイメージと「雲」の流れ、の二つで構成されていることをおさえます。流れていく雲に対して言っているので、イかウとなりますが、はげましではないので、イとなります。

チェックポイント　たとえの技法《ぎほう》

擬人法以外《いがい》にも、たとえの技法があります。
〈直喩《ちょくゆ》〉「ようだ（な）」などを用いた、たとえです。
例 人生はマラソンのようだ。
〈隠喩《いんゆ》〉「ようだ（な）」を用いない、たとえです。
例 人生はマラソンだ。

● 29日　58・59ページ

1 (1)㋐七　㋑上　㋒下
(2)ア②　イ④　ウ③　エ①
2 (1)㋐七　㋑五
(2)②柿・秋　④こがらし・冬　⑥梅・春
(3)ア③　イ④　ウ⑥　エ①

考え方

1 (1)短歌は五七五七七の三十一音が基本です。
(2)アは②の「うちょうてん」「大手ふりふり」、イは④の「この味がいいね」「君が言った」、ウは③の「針やはらか」「春雨の降る」、エは①の「秋来ぬ」「風の音」からわかります。
2 (1)・(2)俳句は五七五の十七音の中に季語をよみこむことになっています。季節を表す言葉を見つけます。
(3)ア③はすずめという小さな生き物に対する作者のやさしさが伝わってきます。イ④はすさまじい勢《いきお》いであれるこがらしが、冬の夕日を海に吹き落としそうです。ウ⑥は梅が一輪咲《さ》くたびに春がやってきます。エ①は日本三急《きゅう》流《りゅう》の一つに数えられる最上川の梅雨時の様子をうたっています。

● 30日　60・61ページ

❶ (1)ア
(2)大きいからだをもてあましている様子。
(3)池の中
(4)見物衆
(5)エ

考え方

❶ (1)「ざんぶと水に飛び込み……食べました」から考えます。「ざんぶと」から、せんべいが食べたくて、じっとしていられない様子(勇んで)がわかります。
(2)「よいしょと」は、いかにも体が重そうに感じられます。
(3)前に「また」とあるので、せんべいが同じ場所に投げられたことがわかります。
(4)「こっち」とは、白くまを見ているわたしたちのことです。また、問いはどこから「投げられた」のか、ということと同じです。
(5)せんべいをもらえてうれしい白くまでしたが、岩へ上がろうと大きいからだをおこすと、池の中にせんべいが投げられたのです。人間の都合でふりまわされ、思い通りにせんべいを食べることができないくまが、悲しんでいるように見えたのです。

● 進級テスト　62～64ページ

❶ (1)①一膳だけで箸を置いた
②どの一切れ～手でつかむ
(3)②イ　③オ
(4)ウ
(5)ウ

考え方

❶ (1)弟の行動が孤児院のやり方のままのところをさがします。
(2)②困っていた弟に自分のまねをさせようと、手本をしめしたのです。③すぐあとに「茶わんを祖母に差し出した」とあります。
(3)「お腹の痛くなるほどたべて」いいという生活を、これまでしたことがないのです。孤児院の生活が想像《そうぞう》されて悲しいのです。

(5) これまでわすれていた「家庭の匂い」をかいだことがきっかけで、本来いるはずの家庭に帰ってこれたのだと気持ちが落ち着いたのです。

❷ (1) 孤児院

(2) イ

(3) ウ

考え方

❷ (1) 最初《さいしょ》の「他に行くあてがない……」と最後《さいご》の「これから孤児院に帰るんだ」が対応《たいおう》します。

(2) 「荒い足音」から、おじが不満《ふまん》を持っていることがわかります。また、「これからは……つらいだろう」から、おじは二人に対して直《ちょく》接《せつ》言ったのではなく、祖母に言ったのだとわかります。

(3) 「ぼく」は祖母のつらい気持ちがわかったので、孤児院に帰る理由があるとうそをついたのです。

メモ

メモ